RAMAKRISHNA
SA **VIE** ET SES **PROVERBES**

DISCOVERY PUBLISHER

Auteur : Max Müller
Traduction [anglais-français] : Barbara Comblez, Elodie Gradoz
Édition : Audrey Lapenne
Responsable d'édition : Adriano Lucca

DISCOVERY PUBLISHER

616 Corporate Way
Valley Cottage, New York, 10989
www.discoverypublisher.com
livres@discoverypublisher.com
facebook.com/DiscoveryPublisher
twitter.com/DiscoveryPB

New York • Tokyo • Paris • Hong Kong

TABLE DES MATIÈRES

RAMAKRISHNA
SA **VIE** ET SES **PROVERBES**

Préface

Récemment, le nom de Râmakrishna a été si souvent mentionné dans les journaux indiens, américains et anglais qu'un compte rendu plus complet de sa vie et doctrine m'a semblé probablement être le bienvenu, non seulement pour ceux qui ont un intérêt dans l'état intellectuel et moral de l'Inde, mais à ceux aussi pour qui la croissance philosophique et religieuse, au-delà des frontières, n'est pas une question d'indifférence. J'ai donc essayé de rassembler autant d'informations que possible sur ce Saint indien maintenant décédé (le 16 août 1886), en partie de ses propres disciples dévoués, de journaux indiens, de revues et des livres dans lesquels les principaux événements de sa vie ont été relatés, et qui étudiaient et décrivaient, que ce soit d'une position favorable ou non, sa morale et son enseignement religieux.

Indépendamment de ce qui peut être dit des aberrations des ascétiques indiennes auxquelles Râmakrishna a appartenu, il y en a certainement quelques unes qui méritent notre attention, ou même notre plus grande sympathie. Les tortures que certains d'entre eux, qui méritent à peine d'être appelés samnyâsins car ils ne valent pas beaucoup mieux que des jongleurs ou hatha yogis, s'infligent, les méthodes ascétiques par lesquelles ils essayent de maîtriser et de détruire leurs passions et qui les amène à un état d'exaltation nerveuse extrême accompagné par des transes ou des malaises de longue durée, sont bien connus à tous ceux qui ont vécu en Inde et ont rencontré non seulement des râjahs et mahârâjahs, mais aussi tous les divers éléments qui constituent le système complexe de la société indienne. Bien que les histoires à propos de ces martyrs de la chair et de l'esprit puissent être exagérées, il subsiste assez de traces de faits réels capables en tout cas de piquer notre curiosité. Cependant, quand certains des véritables samnyâsins consacrent leurs pensées et méditations aux problèmes philosophiques et religieux, leurs déclarations, qui influencent les grandes masses qui se réunissent autour d'eux dans leur propre pays, ne peuvent que retenir notre attention et notre sympathie, et particulièrement si, comme dans le cas de

Râmakrishna, leurs doctrines sont transmises par des partisans zélés non seulement en Inde, mais aussi en Amérique et même en Angleterre.

Nous n'avons pas besoin de nous inquiéter que les samnyâsins indiens ne trouvent pas d'adeptes ou des imitateurs en Europe, et il ne serait pas plus souhaitable qu'ils en trouvent, pas même pour des études psychiques ou pour des expériences dans des laboratoires physico-psychologiques. Mais en dehors de cela, une meilleure connaissance des enseignements de l'un d'entre eux semble certainement préférable, que ce soit pour les hommes d'État qui doivent s'occuper des classes diverses de la société indienne, ou pour les missionnaires qui tiennent beaucoup à comprendre et influencer les habitants de ce pays, ou enfin pour les étudiants en philosophie et religion qui doivent savoir comment la philosophie la plus ancienne au monde, le Vedânta, est enseigné actuellement par les bhaktas, c'est à dire : « les amis et les amants dévoués à Dieu », et qui continue à exercer sa puissante influence sur non seulement quelques philosophes, mais aussi sur les grandes masses de ce qui avait toujours été appelé un pays de philosophes. Un pays pénétré par de telles pensées comme celles prononcées par Râmakrishna, ne peut en aucun cas être considéré comme un pays d'idolâtres ignorants devant être convertis par les mêmes méthodes appropriées aux peuples d'Afrique Centrale.

Comme les pensées de Râmakrishna repose sur la base du Vedânta, j'ai pensé qu'il serait utile d'ajouter un court aperçu de certaines des doctrines les plus caractéristiques de la philosophie. Sans cela, beaucoup de lecteurs pourraient à peine comprendre les idéaux de Râmakrishna et de ses disciples.

Je suis tout à fait conscient que certaines de ces déclarations peuvent nous sembler étranges, ou même offensantes. Ainsi, la conception de la Déité comme la Mère Divine peut nous surprendre, mais nous pouvons comprendre ce que Râmakrishna entendait vraiment par cela quand nous lisons son proverbe (N° 89) :

> « Pourquoi l'adorateur de Dieu éprouve-t-il tant de plaisir à appeler la Déité la Mère Parce que l'enfant est plus libre avec sa mère et par conséquent elle est plus chère aux yeux de l'enfant que n'importe qui d'autre. »

Parfois le langage utilisé par les fidèles hindous pour la Déité doit nous apparaître trop familier, ou même irrévérencieux. Ils semblent eux-mêmes en être conscients et s'excusent ainsi :

> « Un vrai fidèle qui s'est enivré l'Amour Divin est tel un ivrogne et ne peut ainsi pas toujours respecter les règles de bienséance. » (N° 104)

Ou encore :

> « Quelle est la force du fidèle Il est un enfant de Dieu et les larmes sont sa plus grande force. » (N° 92)

Si nous ne nous rappelons pas que le mot « harem » signifie à l'origine simplement un endroit sacré et gardé, le proverbe suivant risque certainement de vous sembler très étrange :

> « La Connaissance de Dieu peut être comparée à un homme, et l'Amour de Dieu à une femme. La Connaissance peut seulement pénétrer dans les pièces extérieures de Dieu, mais personne ne peut entrer dans les mystères intérieurs de Dieu sauf une amante, car une femme a même accès au harem du Tout-puissant. » (N° 172)

Dans le prochain extrait nous verrons jusqu'où Râmakrishna a étudié les mystères de la connaissance et de l'amour de Dieu :

> « La Connaissance et l'amour de Dieu ne font finalement qu'un. Il n'y a aucune différence entre la connaissance pure et l'amour pur. »

Les proverbes suivants montrent aussi la nature exaltée de sa foi :

> « Je vous le dis en vérité, en vérité, celui qui se languit de Dieu, le trouve. » (N° 159)

« Lui qui a la foi a tout et lui qui veut la foi veut tout. » (N° 201)

« Tant que l'on ne devient pas aussi naïf que l'enfant, on n'obtient pas l'Illumination Divine. Oubliez toute la connaissance mondaine que vous avez acquise et devenez aussi ignorants qu'un enfant et vous obtiendrez la connaissance du Vrai. » (N° 241)

« Que fait la force d'un aspirant Ce sont ses larmes. Comme une mère donne sa permission pour satisfaire le désir de son enfant capricieux, Dieu accorde à Son fils toutes ses désirs pour lesquels il pleure. » (N° 306)

« Tout comme une lampe ne brûle pas sans huile, l'un homme ne peut vivre sans Dieu. » (N° 288)

« Dieu est dans tous les hommes, mais tous les hommes ne sont pas en Dieu : c'est la raison de leur souffrance. » (N° 213)

De tels proverbes nous apprennent que bien que la présence réelle du Divin dans la nature et dans l'âme humaine n'ait nulle part été ressentie aussi fortement et universellement qu'en Inde et bien que l'amour passion-nel de Dieu, ou plutôt la sensation d'absorption complète dans la Divinité, n'ait nulle part trouvé une expression plus forte et plus éloquente que dans les proverbes de Râmakrishna, il discernait pourtant parfaitement les bar-rières qui séparent la nature divine et humaine.

Si nous nous rappelons que les proverbes de Râmakrishna nous révèlent non seulement ses propres pensées mais aussi la foi et l'espoir de millions d'êtres humains, nous pouvons en effet nous être pleins d'espoir pour l'avenir de ce pays. La conscience du Divin dans l'homme est là et est partagée par tous, même par ceux qui semblent adorer des idoles. Ce sentiment cons-tant de la présence de Dieu est en effet le point commun sur lequel nous pouvons espérer que dans un futur proche le grand temple de l'avenir sera érigé, dans lequel les hindous et des non-hindous pourront main dans la main et en unissant leurs cœurs, adorer le même Esprit Suprême, qui n'est pas loin de chacun de nous, car en Lui nous vivons, nous nous déplaçons et se trouve notre être.

F. M. M.
Ightham Mote, le 18 octobre 1898

LES PROPOS DE RÂMAKRISHNA

Les Propos de Râmakrishna

Les Mahatmas

Cela ne fait pas si longtemps que j'ai ressentis ce besoin de m'exprimer sur certains mouvements religieux de l'Inde qui sont souvent dénaturés et obscurs. Pour les comprendre, il est nécessaire de connaître les religions et les courants philosophiques qui ont eu et ont encore une place importante dans ce «pays de philosophes». Cela permet également de faire la distinction entre, d'une part, les guides spirituels, ouverts à la critique, et, d'autre part, les idées qui les inspirent et qu'ils prêchent généralement avec beaucoup d'éloquence devant des foules qui croient en eux et suivent leur enseignement.

En août 1896, j'ai publié dans la revue *Nineteenth Century* un article à l'origine de bien des controverses en Inde et en Angleterre. Il s'intitulait «Un vrai Mahatma» et poursuivait deux objectifs. Le premier était de protester contre les récits fantaisistes et ponctués d'exagérations qui sont publiés et diffusés dans des revues indiennes, américaines et anglaises et qui racontent la vie des saints et des sages vivant et enseignant en Inde. Le deuxième était de montrer que derrière des noms aussi étranges que «théosophie» ou «bouddhisme ésotérique» se cache quelque chose de vrai, quelque chose qui mérite d'être connu de tous, y compris de nous, étudiants de Platon, d'Aristote, de Kant et d'Hegel.

Il arrive que l'admiration soit plus forte que la connaissance et le discernement, c'est le cas des admirateurs de certains sages hindous. Ils pensaient être les premiers à découvrir et à révéler ces Mahatmas indiens, à qui ils prêtaient non seulement une connaissance profonde de la sagesse ancienne et primitive mais aussi des pouvoirs surhumains leur permettant d'accomplir des miracles absurdes. Ignorant la philologie sanskrite, ils étaient convaincus d'avoir trouvé en Inde une nouvelle race d'êtres humains, des hommes qui s'étaient imposés des pratiques ascétiques effrayantes, s'étaient retirés du monde et étaient devenus extrêmement populaires au sein de la population en raison de leurs prédications et de leur enseignement, de leur vie frugale, de leurs discours émouvants et de leur capacité à accomplir des miracles.

Le mot Mahatma n'est que l'un des noms servant à désigner ces hommes. Il signifie « doté d'une grande âme », « d'une grande élévation morale » ou encore « noble ». La plupart du temps, c'est un nom honorifique similaire à nos épithètes « révérend » et « respectable », mais c'est aussi un terme technique employé pour désigner une classe d'hommes que nous connaissons sous le nom sanskrit de Samnyâsin, littéralement « celui qui a renoncé à tout », c'est-à-dire celui qui a abandonné tout désir ou attachement terrestres. « Qu'il soit considéré Samnyâsin, celui qui n'a aucun amour et aucune haine, » peut-on lire dans le Bhagavad-Gita (V:3).

Les quatre étapes de la vie

D'après les lois de Manu, la vie d'un brahmane était divisée en quatre périodes (ashrama) : élève (brahmacharya), chef de famille (grihastha), ascète (vanaprastha) et ermite (samnyâsin)*. Les deux premières étapes sont assez claires. Durant sa vie d'élève, l'homme respecte des lois très strictes en matière d'obéissance, de chasteté et d'étude ; ensuite, il se consacre à toutes les tâches que doit effectuer un homme marié, y compris l'accomplissement de sacrifices publics et privés. Les troisième et quatrième étapes, ascète et ermite, sont moins évidentes car, comme nous ne connaissons pas cette réalité, nous n'avons pas de mot pour la désigner. La différence principale entre ces deux étapes est la suivante : au cours de sa vie d'ascète, le brahmane conserve son habitation dans la forêt bordant son village, où il vit parfois avec sa femme et ses enfants, où il entretient les feux sacrés et où il pratique des exercices bien précis décrits dans les livres saints. En revanche, au cours de sa vie d'ermite, l'homme n'a plus aucun lien terrestre et vit seul, sans demeure†. Certains traducteurs utilisent le mot ermite pour la troisième étape et le mot ascète pour la quatrième ; ces deux étapes ont également plusieurs noms en sanskrit. Néanmoins, la différence entre les

---

* Manu (VI:87)
† Apastamba (II:9, 21, 22 et suivants)

deux est très claire : la troisième étape est un simple retrait du monde, la quatrième est un renoncement total à tous les liens terrestres, le brahmane cesse d'effectuer toutes ses tâches, il se libère des chaînes de de la passion et du désir et quitte sa demeure. Les Mahatmas modernes se trouvent donc à mi-chemin entre la troisième et la quatrième étape de la vie. Ce sont des religieux, des mendiants nomades qui demandent l'aumône et vivent de la charité.

Un samnyâsin peut également être désigné par les termes avadhuta, littéralement « celui qui s'est débarrassé de tous les liens », et sâdhu, « l'homme bon », ce dernier nom est communément employé par les gens du peuple.

D'aucuns affirment qu'il n'y a plus de samnyâsin en Inde et, dans un sens, c'est vrai. La division de la vie en quatre étapes qui est prescrite par les lois de Manu est un idéal, un projet de vie auquel les brahmanes aspiraient. Il n'aurait jamais pu se généraliser en Inde, la nature humaine étant ce qu'elle est. Et aujourd'hui, même si des hommes en Inde se considèrent samnyâsins et sont appelés sâdhus par le peuple, ils ne suivent pas les règles établies par Manu. Élèves, ils ne sont pas soumis à une discipline de fer ; chefs de famille, ils ne sont pas tenus d'accomplir tous les devoirs privés et publics des hommes mariés. Ils ne doivent pas non plus passer plusieurs années dans la solitude de la forêt. Mais ils semblent prêts à abandonner toute contrainte du jour au lendemain, à se débarrasser de tout, y compris de leurs propres vêtements, si nécessaire, pour se mettre à prêcher et à enseigner à toute personne prête à les écouter.

Grâce à la classe des Vratyas, nous savons que les lois de Manus furent violées à de nombreuses reprises, peu de temps après leur promulgation. Dès la période brahmanique il est fait état de ces Vratyas, des parias qui n'avaient pas accompli le Brahmacharya* (première étape de la vie d'un brahmane) mais qui, sous réserve de pratiquer certains sacrifices, pouvaient à nouveau jouir de tous les privilèges des trois castes supérieures. Certaines sources indiquent que les premiers Vratyas n'étaient pas Aryens mais cela n'a jamais été prouvé. Au cours de la période brahmanique, on appelait Vratyas les Aryens qui avaient appartenu à une certaine caste mais avaient

---

* *Journal of the Bombay Branch of the Royal Asiatic Society*, n° 19, p. 358 (ils utilisent des pièces d'argent).

renoncé aux privilèges de celle-ci en négligeant leurs devoirs au cours de la première étape de leur vie. Ce groupe était lui-même divisé en trois catégories qui permettaient de distinguer les hommes qui avaient péché de ceux dont c'étaient les parents ou les grands-parents qui avaient commis une faute. Tous les Vratyas pouvaient récupérer leurs anciens privilèges en accomplissant certains sacrifices. Aujourd'hui, le mot « vratya » signifie vilain ou rebelle.

Pour les bouddhistes, étant donné que l'émancipation, la liberté spirituelle obtenue au cours de la troisième et surtout de la quatrième étape était l'objectif ultime de la vie terrestre, c'était une erreur d'attendre la fin de la vie pour en jouir. D'une certaine manière, les bouddhistes étaient des Vratyas qui refusaient de passer par une longue et pénible phase de formation et qui considéraient que se marier et effectuer les devoirs de chef de famille, comme les innombrables sacrifices, était aussi inutile que nuisible. Le Bouddha lui-même avait déclaré qu'il s'opposait aux pénitences auxquelles les ascètes brahmanes devaient se plier, car c'étaient des obstacles pour ceux qui cherchaient la liberté parfaite, la libération de toutes les passions, de tous les désirs et de toutes les idées reçues de la société brahmane. Finalement, les premiers bouddhistes, en adoptant le nom de bhikkhu (mendiant) pour les membres de leur sangha (communauté), avaient, semble-t-il, décidé de montrer qu'ils étaient tous des samnyâsins qui emmenaient les vieux principes brahmaniques à leur conclusion naturelle, tout en renonçant en même temps au Véda, le recueil des lois de la tradition, et à tous les sacrifices brahmaniques, qu'ils considéraient comme des futilités et des contrariétés de l'esprit.

Samnyâsins ou saints

Des idées similaires circulaient parmi les brahmanes. Avant même l'essor du bouddhisme, on trouvait parmi eux des hommes qui s'étaient libérés de leurs entraves sociales, avaient quitté leur foyer et leur famille, vivaient seuls dans une grotte ou une forêt, ne possédaient rien, ne mangeaient et ne buvaient que le strict nécessaire et s'infligeaient des tortures qui nous terrifient quand nous en lisons les récits ou les voyons représentées par des images ou des photographies. Ces hommes étaient naturellement entourés d'une aura de sainteté et recevaient le peu dont ils avaient besoin des gens qui leur rendaient visite et écoutaient leur enseignement. Quelques-uns de ces saints étaient des érudits et professaient les anciennes traditions. D'autres, cependant, et cela n'a rien de surprenant, étaient des imposteurs et des hypocrites qui jetaient l'opprobre sur la profession dans son ensemble. Il ne faut pas oublier qu'à l'origine, on ne recevait le statut de samnyâsin qu'après avoir supporté pendant des années une discipline de fer, qui doit normalement garantir une maîtrise de l'esprit et une capacité à résister au plaisir auquel les saints sont eux aussi confrontés. Si cette garantie disparaît et que quiconque peut s'autoproclamer samnyâsin, les saints eux-mêmes ont plus de mal à résister à la tentation. Mais il ne fait aucun doute qu'il y a eu, et qu'il y a encore aujourd'hui, des hommes qui se sont débarrassés des chaînes de la passion et qui ont atteint une parfaite maîtrise de leur corps et des rêveries de leur esprit. Ces hommes, on les appelle les yogis, en raison de leur pratique du Yoga.

Pratiques ascétiques ou Yoga

Le Yoga semble être une excellente discipline à plusieurs égards et nous devrions tous, dans un sens, être des yogis. Le mot «Yoga» signifie application, concentration, effort, l'idée selon laquelle il signifiait au départ «union avec la divinité» a été abandonnée il y a longtemps. Mais le Yoga est rapidement devenu un système artificiel. Alors qu'il ne servait au départ qu'à appuyer la philosophie, il est devenu un système philosophique à part entière, la philosophie du Yoga. Ce système de pensée est attribué à Patanjali et il s'agit d'une variante du Sâmkhya de Kapila.

Dans la revue *The Brahmavâdin*, Swâmi Râmakrishnânanda indique que le Yoga existe sous quatre formes : le mantra, le laya, le raja et le hatha. Le Mantra-yoga consiste à répéter un mot à de nombreuses reprises et à concentrer ses pensées sur lui. Il s'agit généralement d'un mot lié à une divinité. Le Laya-yoga consiste à concentrer toutes ses pensées sur une chose ou l'idée d'une chose afin de communier avec elle, le mieux étant de choisir l'image idéale d'un dieu ou un nom se rapportant à une divinité, afin de ne faire qu'un avec ce dieu. Le Raja-yoga consiste à contrôler sa respiration afin de contrôler son esprit. Cette pratique vient d'une observation : lorsque nous fixons soudainement notre attention sur quelque chose de nouveau, nous retenons notre respiration. En retour, retenir sa respiration doit mener à la concentration de l'esprit, au Prânâyâma. Le Hatha-yoga concerne la santé du corps en général. Il s'agit de produire de la concentration à partir de certaines parties du corps, par exemple en fixant les yeux sur un point, comme le bout du nez. Tout cela est décrit de manière exhaustive dans les *Yoga Sutras*, une œuvre qui semble parfaitement honnête.

Bien entendu, il est difficile de croire à toutes les choses attribuées aux anciens yogis et les prouesses des yogis modernes sont souvent très surprenantes. Pour moi, il est aussi difficile d'y croire que de ne pas y croire. Des témoins oculaires fiables affirment que ces yogis peuvent passer des semaines voire des mois sans manger, qu'ils peuvent rester assis sans bouger très longtemps, qu'ils ne ressentent aucune douleur, qu'ils peuvent provoquer l'hypnose et lire les pensées des gens. Je peux croire à tout cela mais lorsque ces mêmes témoins disent que les yogis voient des silhouettes de dieux et de déesses dans le ciel, que le Dieu idéal apparaît devant eux, qu'ils entendent des voix célestes, qu'ils sentent un parfum divin et qu'il leur arrive d'être assis dans les airs, je dois bien avouer que je préfère me raccrocher à Saint Thomas, même si l'on m'a apporté des preuves de lévitation tout à fait saisissantes*.

Des psychiatres et des autorités du monde médical considèrent que l'état de transe, ou Samâdhi, peut être atteint par les méthodes employées par les yogis en Inde. Bien qu'il y ait des imposteurs parmi les yogis, il ne faut pas décréter que tous ces saints indiens sont des charlatans. Si l'on dit d'un homme qu'il est saint, la tentation doit être grande pour lui de faire semblant de l'être. Sans doute arrive-t-il même qu'il se persuade de l'être. Et si cet homme a grandi dans un environnement philosophique ou s'il est imprégné de forts sentiments religieux, il peut très facilement ressembler à un Mahatma, c'est-à-dire un homme d'une grande éloquence, s'exprimant poétiquement, dans un style ampoulé, capable de mener des discussions pointues portant sur les grands problèmes philosophiques et de répondre

* Voir H. Walter, Hathayogapradîpikâ, 1893.

à toutes les questions qu'on lui pose.

Râmakrishna

Râmakrishna était un Mahâtma. Il est récemment devenu célèbre en Inde et aux États-Unis, où ses disciples se consacrent à la prédication de sa doctrine et au prosélytisme, y compris auprès de foules chrétiennes. Pour nous, Occidentaux, c'est étrange, voire incroyable, mais il suffit de se souvenir de ce qu'est la religion pour d'innombrables hommes qui se déclarent chrétiens sans savoir ce que le Christ a enseigné ou ce qu'Il a représenté dans l'histoire de l'humanité. Bien des fidèles ignorent tout de l'histoire et des doctrines de la chrétienté ; et ceux qui en savent un peu plus sur leur foi, ils l'ont appris par cœur pendant leurs cours de catéchisme. Ils répètent ce qu'ils ont entendu sans le moindre soupçon de foi ou d'amour. Et pourtant, tout homme aspire en son cœur à la religion, tout homme a un désir de foi qui doit, tôt ou tard, être comblé. C'est pour cette raison que les prédications des disciples de Râmakrishna touchent tant d'âmes. Les hommes ne se voient imposer aucune doctrine par cette religion qu'ils considèrent a priori païenne et indigne. S'ils écoutent le discours des disciples, c'est de leur plein gré, et s'ils y croient, c'est par choix. Et c'est parce qu'une religion que l'on choisit a plus de force qu'une religion dont on hérite que les hommes qui se convertissent font preuve de beaucoup de zèle. Ces nouveaux fidèles, qui n'avaient jamais su ce qu'était la vraie religion, se montrent enthousiastes à l'heure de proclamer les vérités qu'ils ont découvertes et que leur âme a acceptées librement. Ainsi, même si le nombre de convertis à la religion des disciples de Râmakrishna peut être grossi et même si les nouveaux adeptes du Vedânta ne sont en fait que des hommes ayant fait un premier pas vers le véritable christianisme, il est évident qu'une religion qui connaît un tel essor à notre époque et qui considère, à juste titre, être la plus vieille religion et la plus vieille philosophie du monde (le Vedânta, le but ultime du Véda)*, mérite toute notre attention.

---

* Voilà l'explication du nom Vedânta. Mais elle a probablement été donnée après coup. Au départ, ce mot signifiait sans doute « objet du Véda », tout simplement, d'autres mots formés avec le suffixe « –anta », comme Siddhanta ou Sûtrantâ,

Râmakrishna lui-même n'a jamais affirmé être le fondateur d'une nou-velle religion. Il s'est contenté de prêcher l'ancienne religion de l'Inde, fon-dée sur le Véda, et plus précisément sur les Upanishads, consignée ensuite dans les sutras de Bâdarâyana, et finalement approfondie dans les com-mentaires de Shankara et d'autres. Et tandis qu'il prêchait cette religion et menait une vie d'ermite, Râmakrishna ne prétendit jamais être le seul à le faire. D'autres prédicateurs du Vedânta vécurent en Inde au cours des cinquante dernières années. Ils sont parfois désignés par le titre honor-ifique de Paramahamsa. Keshub Chandra Sen, célèbre en Angleterre et aux États-Unis, était un grand réformateur versé dans le christianisme, mais il ne reçut pas le titre de Paramahamsa car il ne s'imposa jamais de discipline stricte et ne mena pas la vie d'un samnyâsin. Mais quatre de ses contemporains reçurent ce titre : Dayananda Sarasvati, qui fut à une époque, et c'est bien regrettable, lié à Madame Balvatsky ; Pavhari Baba de Ghazipur ; le sikh Nagaji de Doomraon et Râmakrishna, aussi connu comme le Paramahamsa de Dakshineswar. Keshub Chandra Sen écrivit ceci : «Ce sont les quatre saints ascètes que nos amis honorent parfois à juste titre et auprès de qui ils cherchent des modèles, des exemples, une influence sacrée. Respectons les saints ascètes que la providence nous en-voie et honorons-les avec déférence et humilité. L'impur devient pur aux côtés des sâdhus.»

Dayananda Sarasvati

On sait très peu de choses de la vie du premier de ces saints, Dayananda Sarasvati. Il entreprit une grande réforme du brahmanisme et fut, semble-t-il, un homme aux idées libérales en matière de progrès social. Il souhaitait placer sa foi dans la révélation divine des Brahmanas, même s'il croyait encore vigoureusement aux hymnes védiques. Il publia de longs commen-taires du Véda, qui montrent qu'il maîtrisait le sanskrit et avait beaucoup lu, mais qui indiquent également qu'il plaçait le sens critique au-dessus

---

étayent d'ailleurs cette explication. Par la suite, comme ce suffixe se retrouve à la fin de Brahmana ou d'Aranyaka, il a été interprété comme étant « la fin du Véda », c'est-à-dire le but ultime du Véda.

de tout. Il réprimait le remariage des veuves et soutenait le mouvement qui militait pour rehausser l'âge requis pour le mariage des garçons et des filles. À bien des égards, il semblait peu concerné par les préjugés liés aux castes ou à la nourriture. Il condamnait l'idolâtrie et même le polythéisme. Son nom se mit à circuler en Europe quand il fut pris dans les filets de Madame Blavatsky, mais cela ne dura que peu de temps, et quand il comprit les véritables intentions de cette femme, il se libéra de son emprise. Elle n'était pas la philosophe qu'il croyait. Il ne parlait pas l'anglais ; elle ne connaissait ni le bengali ni le sanskrit. Ils ne se comprenaient donc pas bien, du moins au début, car certains affirment qu'ils finirent par trop bien s'entendre. En tout cas, il fut un polémiste puissant ; son influence grandit progressivement jusqu'à ce qu'il soit, semble-t-il, empoisonné par ses opposants, les orthodoxes et les brahmanes conservateurs. Il mourut brutalement mais ses fidèles, les Ârya-Samâj, formèrent une secte qui existe encore aujourd'hui et ne cesse de grandir. Ils cherchent à vivre loin de toute influence européenne.

Pavhari Baba

Le deuxième saint était Pavhari Baba de Ghazipur. On ne sait pas grand-chose de lui non plus mais, à sa mort, qui est survenue récemment, une vague de chagrin a déferlé sur la péninsule indienne. Il a vécu une trentaine d'années à Ghazipur et était vénéré par toute la communauté de la ville, qui le considérait comme un saint. Mais au cours des neuf dernières années de sa vie, il s'était pratiquement retiré du monde*. Il vivait seul dans une propriété entourée de murs élevés et d'une porte imposante. À l'intérieur se trouvait un petit jardin de fleurs, un puits, un petit temple et son habitation, qui comptait une seule pièce. Il refusait que la porte soit ouverte et, après son installation, plus personne ne le vit, à l'exception de son frère cadet. Une fois tous les sept ou dix jours, il s'approchait toutefois de la porte et discutait quelques instants avec quiconque se trouvait derrière. Son jeune frère ne s'éloignait jamais beaucoup de la propriété. Pavhari Baba lui avait dit qu'il ne pouvait plus supporter la misère que le Kâlî Yuga, c'est-à-dire

* *Interpreter*, juin 1898 ; *Indian Social Reformer*, 19 juin 1898.

le quatrième et actuel âge de la cosmogonie hindoue, avait amenée en Inde, mais son frère ne pouvait comprendre la profondeur de ces paroles. Un jour, après avoir pris son bain comme à l'accoutumée et après avoir effectué ses exercices de piété, Pavhari Baba se serait couvert le corps de beurre clarifié, se serait aspergé d'encens et aurait mis le feu aux quatre coins de sa maison solitaire. Puis il se serait jeté dans les flammes, accomplissant ainsi son dernier sacrifice. Il fut réduit en cendres avant que l'on ait pu le sauver, et ce qui resta de lui fut déversé dans les eaux sacrées du Gange, au cours d'une cérémonie en bonne et due forme.

Tout cela s'est passé il y a quelques mois. Il n'est jamais simple d'obtenir un récit précis d'un événement qui se produit en Inde. L'incendie de la maison dans laquelle le vieux saint avait fini ses jours est incontestable et le corps brûlé de Pavhari Baba a sans aucun doute été retrouvé. Mais certains de ses amis, qui refusent d'accepter cette immolation par le feu, affirment que l'incendie était un accident. D'autres considèrent que son sacrifice volontaire était une fin digne pour sa vie sainte.

Pavhari est une contraction de Pavanâhâri, qui signifie «celui qui vit dans l'air». L'enseignement de ce saint était sans doute très proche de celui de Râmakrishna mais je n'ai pu trouver d'informations très précises à ce sujet. Quoi qu'il en soit, sa condition de sage et de saint fut largement admise et Keshub Chandra Sen, dont l'autorité est indéniable, le plaça à côté d'hommes comme Dayananda Sarasvati et Râmakrishna. Bien entendu, les Indiens distinguent ces saints ascètes de simples réformateurs tels que Rammohun Roy et Keshub Chandra Sen. Ils souhaitent que leurs professeurs et leurs réformateurs renoncent à tous les plaisirs, à toutes les richesses et à tous les honneurs du monde; ce n'est qu'ainsi qu'ils peuvent croire en leur sincérité et en la vérité de leurs propos. De la même manière, s'infliger des tortures et des pénitences est une condition nécessaire pour être sanctifié. Enfin, pour les Indiens, accomplir des miracles reste une manière efficace pour un sage de prouver sa condition.

Certains de ces sages sont désignés par leur titre honorifique, Paramahamsa. C'est un mot difficile à traduire. Des érudits qui aiment s'amuser à des vétilles et que chaque coutume ou tradition indienne fait sourire le traduisent littéralement, «grande oie». Certes, le mot «hamsa» signifie oie, mais il désigne également le cygne. Une traduction plus fidèle de Paramahamsa serait en fait «aigle qui s'élève dans le ciel». Mais si ces Paramahamsas forment une sorte d'élite, il y eut aussi de nombreux hommes en Inde qui méritent une place auprès d'eux dans notre estime, par les vies ascétiques et saintes qu'ils menèrent. Ainsi, Gaurishankar Udayshankar, ministre en chef de Bhavnagar, fit tout son possible pour appliquer les règles de vie strictes des anciens samnyâsins, pourtant oubliées depuis longtemps. De même, Keshub Chandra Sen, quoiqu'il se maria et voyagea beaucoup de par le monde, mena une vie d'abnégation totale, comparable à celle d'un Paramahamsa.

Debendranath Tagore

Il en fut de même pour Debendranath Tagore, ami et mécène de Keshub Chandra Sen. Cet homme était le chef d'une famille riche et influente mais il a passé la plus grande partie de sa vie retiré du monde. Il s'est consacré à l'étude, à la méditation et à la contemplation. Il a aujourd'hui quatre-vingt-deux ans, un âge très respectable en Inde, et nous sommes heureux d'apprendre qu'il a écrit une autobiographie qui sera publiée à titre posthume. Il a joué un rôle bien plus important qu'on ne le pense dans l'histoire du Brahmo Samaj*. Voici d'ailleurs le récit d'une visite que des membres du Brahmo Samaj lui rendirent et qui donne une idée de la vie de cet homme. Il s'agit de propos que j'ai recueillis par des amis qui lui ont rendu visite récemment et non pas des lettres qui sont en ma possession car, bien qu'elles soient très instructives, elles ne se prêtent pas à la publication.

«Nous avons été conduits à la véranda spacieuse du deuxième étage, où l'homme vénérable était assis sur une chaise. Nous nous sommes inclinés avec respect puis nous nous sommes installés. Le Maharshi a pris la parole. Il a dit : "Depuis que vous êtes venus ici il y a trois mois, je communique beaucoup moins avec le monde extérieur. Je vois moins de choses, j'entends moins de mots. Mais je n'ai rien perdu. Au fur et à mesure que mes rapports avec le monde extérieur se raréfient, mon Yoga intérieur grandit. Je

---

* Mouvement religieux fondé au début du 19e siècle, inspiré de l'hindouisme, de l'islam et du christianisme. (NDT)

ne dois pas faire d'efforts pour communier. Je m'assieds et je suis heureux en ma présence." L'émotion pouvait se lire sur son visage tandis qu'il prononçait ces mots.

Quand nous lui avons demandé s'il se souvenait de ses sélections de versets des textes védiques de la liturgie du Brahmo Samaj, qu'il avait publiées plusieurs années auparavant, il a répondu ceci : « Je ne peux pas me souvenir, après tant d'années, du processus qui a permis de rassembler ces textes à partir de différentes Upanishads. Aujourd'hui, l'essence de ces textes est en moi et j'en savoure la douceur. Je n'ai donc plus besoin d'y recourir. Je suis entièrement d'accord avec vous : nous rejoignons la personne Infinie à partir de la Vérité et de l'Intelligence et nous trouvons en Elle des splendeurs infinies, et nous contemplons son infinie miséricorde et ses autres vertus. Je vous aurais davantage parlé de ces questions si vous m'aviez rendu visite il y a quelques jours. Désormais, mon esprit est occupé par des choses que les yeux ne voient pas et que les oreilles n'entendent pas ; je ne peux donc pas beaucoup discuter avec vous... J'ai écrit un récit de ma vie car j'ai été touché par l'esprit de Dieu, mais je ne sais pas quelle en est l'utilité. Je ne suis plus très utile pour le monde. Je n'ai plus grand chose qui me rattache au monde. »

Nous lui avons alors dit que sa vie n'avait pas été vaine car il avait donné au monde un exemple de vie vécue en Dieu et avec Dieu. Le Maharshi a répondu ceci : "Je mène une vie d'ermite ; je n'ai plus d'énergie. L'énergie et la sincérité qui m'animent maintenant ne sont là qu'en raison de votre présence. Il y a bien, bien longtemps, quand j'étudiais les Upanishads, une lumière puissante a éclairé mon âme et j'ai senti que l'Inde honorerait un jour Brahma, le Seul et Unique Dieu. J'ai ensuite désiré trouver un compagnon, un homme proche de mon cœur, qui ressentirait mes sentiments et emprunterait le même chemin que moi. Cet homme, je l'ai cherché partout, parmi tous les êtres éclairés de l'époque, mais je ne l'ai pas trouvé. Désespéré, j'ai quitté Calcutta et me suis retiré dans les collines. Deux ans plus tard, l'eau de la rivière Sutlej m'a donné une leçon sacrée. J'ai entendu une voix qui m'encourageait à me rendre à Calcutta et à reprendre mes tâches saintes. Cette voix divine m'avait absorbé au point que je ne trouvais plus le repos. Chaque chose semblait refléter l'injonction Divine et

me forcer à accomplir la volonté du Seigneur. Je suis retourné à Calcutta
en toute hâte et j'ai rencontré Brahmânanda (Keshub Chandra Sen). J'ai
tout de suite compris qu'il était l'homme que j'attendais. J'ai alors compris
pourquoi l'Esprit m'avait guidé vers Calcutta. Ma joie était sans limite.
Nous passions nos nuits à discuter de grandes questions spirituelles, parfois
jusqu'à deux heures du matin. Brahmânanda m'a même dit que, lorsqu'il
serait parti, ceux qu'il laisserait derrière lui parleraient de ma cause et la
soutiendraient. Aujourd'hui je me rends compte que cette prédiction va
s'accomplir." "Oui, avons-nous répondu, c'est tout à fait vrai. Quand notre
ministre était à nos côtés dans sa chair, nous ne nous rendions pas compte
de notre proximité avec vous. Aujourd'hui, nous avons l'impression que
le Brahmo Samaj accepte Râm Mohan Roy mais qu'il vous rejette. Or,
comme vous représentez le Yoga, ou la vision directe de Dieu, il faut que
le Brahmo Samaj vous accepte pour atteindre cette hauteur spirituelle. Si
le Brahmo Samaj se trouve aujourd'hui dans un état aussi déplorable, c'est
parce qu'il ne vous accepte pas." Et le Maharshi dit: "Dieu vous a appelés
pour diffuser la parole du Brahma Dharma en Inde, ce pauvre pays, et plus
précisément au Bengale, notre terre faible, pauvre et sans ressource. Tout
comme la mère aime son enfant le plus faible avec la plus grande tendresse,
Dieu apporte son plus grand amour aux plus pauvres de cette terre. Nous
remercions Dieu pour cette grâce particulière. Dieu vous a octroyé une fa-
veur spéciale et vous a permis d'exercer votre travail. J'ai publié mon dernier
ouvrage, qui traite du Paraloka, l'au-delà, et du Mukti, la libération. C'est
un petit volume, le voici, il est pour vous." Après cela, nous sommes partis,
consolés et revigorés par son aide.* »

Il me semble que cet aperçu de ce qui se passe derrière ces murs est digne
d'être conservé et intéressera les vrais amis de l'Inde. Ce sont des choses
que ne voient ni ne soupçonnent ceux qui nous parlent tant des palais, des
radjas et des maharadjas, du Juggernaut, ce char de procession hindou, des
tours du silence ou des grottes d'Ellorâ.

Il suffit d'ouvrir les journaux indiens pour trouver des informations sur
des hommes qui ont mené une vie sainte et consacrée à Dieu, comme
Debendranath Tagore, mais qui n'ont jamais atteint le rang de Paramahamsa

* *Unity and the Minister*, 12 juillet 1896

aux yeux du peuple indien. Il est possible que certains d'entre eux, qui sont vénérés comme des saints dans leur terre natale, soient considérés comme des idiots ou des fanatiques par les critiques européens. Mais dans leur pays, ils occupent une place bien particulière et ils représentent un pouvoir qui ne devrait pas être entièrement négligé par les dirigeants du Bengale, cette terre « faible, pauvre et sans ressource ».

Rai Shaligram Saheb Bahadur

Il me reste à vous parler d'un homme et vous aurez eu un aperçu de la scène sur laquelle Râmakrishna est apparu pour jouer son rôle, aux côtés d'autres acteurs, qui l'ont soutenu et guidé dans ses efforts passionnés et désintéressés. Cet homme, le magazine *Prabuddha Bhârata* de mai 1898 (page 132 et suivantes) en parle. Il s'agit de Rai Shaligrâm Saheb Bahadur, aujourd'hui âgé d'environ soixante-dix ans. Il a mené une vie très active et s'est rendu utile en tant que responsable d'un bureau de poste. Il a gravi les échelons et est devenu ministre des postes des provinces du nord-ouest.

Il faut savoir que les horreurs de la mutinerie de 1857 l'ont profondément marqué. Des milliers d'hommes, de femmes et d'enfants ont été massacrés sous ses yeux ; les riches ont été pillés ; les pauvres se sont octroyés sans mérite des richesses inattendues. C'est à ce moment-là que l'idée selon laquelle le monde est éphémère et d'une nature changeante s'est installée dans son esprit et l'a éloigné de tout ce qui l'avait intéressé et de tout ce à quoi il avait consacré son énergie jusque là. Bien entendu, cette vision du monde n'était pas entièrement nouvelle ; dès sa prime jeunesse, Rai Shaligrâm Saheb Bahadur s'était intéressé à la religion et à la philosophie. Il a même passé une grande partie de sa jeunesse et de sa vie d'adulte à étudier les Saintes Écritures. Il est donc assez naturel qu'après avoir assisté aux horreurs de la mutinerie, puis à la répression de la révolte, il ait décidé de fuir cette terre de misère pour trouver le bonheur pur et éternel là où il se trouve.

Il a consulté des samnyâsins et des yogis, mais aucun n'a pu l'aider. L'un de ses collègues du bureau de poste a fini par lui recommander son frère aîné, un guide spirituel digne de confiance. Pendant deux ans, Rai Shaligrâm

Saheb Bahadur a assisté à ses cours et a comparé son enseignement aux Upanishads et aux autres écritures sacrées. Il a fini par devenir un chela, un disciple dévoué de ce gourou. Pendant son séjour à Agra, il n'a autorisé personne d'autre que lui à servir son maître. Il moulait la farine pour lui, lui préparait ses repas et le nourrissait de ses propres mains. Chaque matin, il portait une cruche d'eau claire sur sa tête et la portait à son maître pour qu'il puisse se laver ; il allait chercher cette eau à plus de trois kilomètres de là. Il ne touchait pas à son salaire ; il préférait le donner au Saint, qui l'utilisait pour aider ses élèves, sa femme et ses enfants, ou qu'il donnait aux pauvres. Il écoutait les conseils de son maître pour s'occuper des affaires de sa maison, et ce malgré l'opposition des hommes de sa caste, des kayasthas, qui refusaient qu'un homme de leur statut cuisine pour un Saint et mange la même nourriture, car le Saint appartenait à une autre classe, celle des khatris. Après un certain temps, l'élève a voulu quitter son emploi à la poste mais le Saint a refusé. Quand il a été nommé ministre des postes des provinces du nord-ouest, il est tombé à genoux devant son maître et l'a supplié de le laisser prendre sa retraite pour se lancer corps et âme dans la vraie vie spirituelle, mais le Saint a encore refusé, affirmant que l'accomplissement de ses tâches officielles n'interférerait en rien avec ses progrès spirituels. Rai Shaligrâm Saheb Bahadur a donc quitté Agra et, pendant de nombreuses années, il s'est acquitté de son travail à Allahabad et l'a même très bien fait, introduisant de nombreuses réformes et des changements utiles au sein du département de la poste.

Ce n'est qu'à la mort de son maître, en 1897, que Rai Shaligrâm Saheb Bahadur s'est senti libre de quitter son poste. Il est lui-même devenu guide spirituel et offre depuis son enseignement à ceux qui viennent chercher des conseils auprès de lui. Souvent, ceux qui l'ont écouté sont si inspirés par ses propos qu'ils renoncent au monde pour mener une vie de samnyâsin. On dit désormais que quiconque va consulter le maître abandonne ensuite sa famille pour devenir ascète. On dit même que toute personne qui jette un œil à la lampe allumée dans sa maison se détourne de l'existence terrestre, abandonne ses proches et perd toute utilité pour la communauté. Aux dernières nouvelles, le vieil homme était toujours vivant. Il semble que sa maison soit assiégée au quotidien par un grand nombre d'hommes

et de femmes venus des quatre coins du pays pour écouter son enseignement religieux. Il dispense son savoir cinq fois par jour, y compris après le
coucher du soleil, de sorte qu'il dort à peine plus de deux heures. Il reçoit
tout le monde, sans faire de distinction entre les brahmanes et les shudras,
les riches et les pauvres, les bons et les mauvais. Les gens sont convaincus qu'il peut accomplir des miracles mais lui considère que ces choses-là
sont inappropriées et indignes. Leur conviction n'est pas infondée : ainsi, le
docteur Makund Lai, assistant chirurgien du vice-roi, a l'habitude d'envoyer
au maître ses patients abrutis par une pratique excessive du Prânâyâma (un
exercice qui consiste à retenir sa respiration) et il suffit au sage de regarder
ces hommes pour qu'ils retrouvent la raison. Il leur explique ensuite que le
Prânâyâma ne leur fait pas de bien et qu'il peut même être préjudiciable
à leur santé.

Râmakrishna

Voilà donc quelques exemples qui montrent que Râmakrishna était loin
d'être le seul homme saint en Inde. Et même si le vieux système social
des quatre étapes de la vie qu'a décrit Manu a changé, il y a encore des
samnyâsins en Inde, qui vivent selon l'ancienne tradition, quoique dans
d'autres environnements et dans des conditions différentes. Ces exemples
sont avérés, du moins dans la mesure où l'on peut se fier aux témoignages
du dix-neuvième siècle venus d'Inde. Par ailleurs, de nombreux samnyâsins
apparaissent dans la littérature ancienne du pays, représentés comme des
hommes aux pouvoirs fabuleux, mais je n'oserais dire que ces récits ont été
« prouvés ». En revanche, il est indubitable que certains samnyâsins soient
devenus de véritables squelettes* ou complètement fous à force de s'infliger
des exercices d'ascèse : il suffit de constater que de nombreux avertissements contre ces pratiques ont très tôt été consignés dans la littérature du
pays. Un exemple bien connu est celui du Bouddha qui, avant de fonder
sa propre religion, s'était imposé toutes les tortures des ascètes brahmanes
mais, n'en ayant rien retiré, avait dénoncé ce système qu'il jugeait inutile

---

* Voir les exemples saisissants que donne Flora Annie Steel dans *In the Permanent
Way* (1898).

voire nuisible et lui avait préféré une discipline plus modérée.

Quand on dispose de toutes ces informations, la vie et les doctrines du quatrième Paramahamsa, considéré par Keshub Chandra Sen comme le plus important de ses contemporains, paraissent moins surprenantes, Râmakrishna étant un sage parmi d'autres. Il existe des récits détaillés de son existence, mais ils comportent en général des exagérations incongrues et des contradictions qui empêchent de se faire une idée claire de sa vie sur terre et de sa personnalité. J'ai donc demandé à l'un de ses élèves les plus connus, Vivekananda, de consigner ce qu'il pouvait dire de son vénérable professeur et il m'a envoyé une description détaillée de la vie de son maître. Mais, comme vous le verrez, ce témoignage est lui aussi ponctué d'éléments étranges. C'est à dessein que je vous le livre pratiquement inchangé.

Le processus dialogique

Tel quel, ce récit donne un aperçu de la manière dont une nouvelle religion, ou plutôt une nouvelle secte, voit le jour et prend de l'ampleur. La transformation inévitable des faits par la simple répétition, la conversation ou la tradition orale, apparaît très clairement. C'est un processus dialectique qui est à l'œuvre, ici comme dans l'écriture de l'histoire ancienne ou moderne ; il implique que tout échange d'idées, toute communication, tout dialogue et toute pensée (mouvante par définition) mène inéluctablement à l'altération d'un récit. En allemand, on parlerait de Durchsprechen, qui consiste à traiter un sujet dans les moindres détails ; en grec, d'échange de paroles, ou de dialogue. Même le processus dialectique de Hegel, qui veut que le mouvement naturel de la pensée mène irrémédiablement du positif au négatif et à la conciliation, trouve son origine dans ce que j'appelle le processus dialogique et qui est si important dans l'histoire, ancienne comme moderne.

Aucun fait historique ne peut échapper à ce processus de modification avant d'être couché sur le papier. Ce phénomène ne doit pas être confondu avec le processus mythologique, qui en est l'une des composantes mais répond à des règles plus spécifiques. Le processus dialogique peut également être observé en histoire moderne mais il est anodin, presque impossible, car nous disposons désormais de reportages, de journaux, d'autobiographies et de souvenirs des grands hommes. Mais à l'époque où la sténographie et l'imprimerie n'existaient pas, à l'époque où la lecture et l'écriture étaient le privilège de quelques-uns, à l'époque où deux ou trois générations devaient s'écouler avant que l'idée de noter les propos et les faits de la vie d'un homme ne traverse l'esprit d'un chroniqueur ou d'un historiographe, il est facile d'imaginer comment le processus dialogique pouvait altérer la vérité. Il est tout à fait extraordinaire qu'un si grand nombre d'historiens aient complètement ignoré ce processus, comme s'il pouvait être absent d'un quelconque récit. Tant de difficultés seraient résolues, tant de contradictions évitées, tant de miracles expliqués de manière rationnelle si les historiens apprenaient cette simple leçon : le processus dialogique influe sur tous les événements historiques.

Prenons un exemple récent : la dépêche d'Ems. Ce télégramme devait annoncer au monde ce que s'étaient dit Vincent Benedetti, alors ambassadeur de France, et le roi de Prusse. Il marque un tournant dans l'histoire de l'Europe moderne. Et que sait-on véritablement du contenu de ce télégramme Ce qu'en dit Bismarck Mais quelles altérations ont eu lieu entre ce qu'il a pensé et ce qu'il a dit, entre ce qu'il a dit à mon ami Heinrich Abeken et ce que celui-ci a écrit, entre ce qu'il a dit et ce que les peuples allemands et français en ont pensé, en ont dit, en ont fait, soit pour justifier la guerre qui s'en est suivie, soit pour la condamner Et quand bien même nous disposerions du verbatim de Benedetti, nous ignorerions tout de même le ton de sa voix, le ton de la voix de l'empereur quand il lui a répondu, la consternation ou le ricanement qui a éclaté lorsque le chancelier de fer a entendu dans toute l'Europe l'écho de ses mots et de sa pensée. Et pourtant, cela s'est passé hier ! Benedetti a dit ce qu'il avait dit et ce que l'empereur avait répondu ; Bismarck en personne a dit quelle était son intention lorsqu'il fit publier le faux télégramme pour que le monde entier le lise. L'historien, sait-il ce qui s'est vraiment passé, ce que sous-entendaient les mots de Benedetti, de l'empereur, de Bismarck À Ems, où j'écris ces lignes, on indique l'endroit où la fameuse discussion eut lieu, et même sur ce point les opinions divergent. La version donnée par le diplomate français est totalement différente de celle de Bismarck, et pourtant

il n'y a qu'une seule étape du processus dialogique qui altère ce discours :
il passe du roi à Benedetti et du roi à ses ministres.

De la même manière, tout lecteur d'histoire moderne connaît les mots que
l'on attribue à l'officier français Pierre Cambronne, à Waterloo : « La garde
meurt mais ne se rend pas ! » et il suffit de lire des archives françaises pour
connaître le mot qu'il aurait réellement prononcé. Comment pourrait-on
espérer échapper au pouvoir de transformation de la tradition orale

Bien entendu, les changements provoqués par ce processus sont plus ou
moins importants selon les circonstances ; je pense néanmoins qu'ils ne sont
jamais tout à fait absents d'un récit. Et ils sont particulièrement flagrants
dans les témoignages qui portent sur la fondation d'une religion et sur les
fondateurs de celle-ci. Dans le cas du bouddhisme, certains érudits de re-
nom ont affirmé qu'il n'y avait jamais eu de jeune prince de Kapilavastu,
et pourtant, la vie, les faits et les dires de cet homme ont fait l'objet d'un
plus grand nombre de récits que ceux de n'importe quel autre fondateur de
religion. Et rappelons encore qu'aucun miracle n'est attribué au Bouddha
dans ses biographies et que le Bouddha en personne affirmait que ni lui, ni
ses disciples n'avaient effectué de miracles. Il était heureux d'avoir été un
homme sur terre, l'état le plus élevé de l'être dans le monde, pensait-il, plus
élevé encore que les anges et les dieux (devas). Atideva, « celui qui dépasse
les dieux », est d'ailleurs l'un des noms attribués au Bouddha ; il montre
l'estime que les bouddhistes avaient pour leur maître et pour les dieux.

Il est temps de reconnaître l'influence inévitable du processus dialogique
en Histoire. Cela permettra de résoudre des difficultés immenses, des
malhonnêtetés profondes dans lesquelles nous nous sommes enfermés.
Acceptons tout simplement qu'après un jour, une semaine ou un an, un
message est forcément altéré par le processus dialogique, même s'il vient
du ciel ; toute communication est contaminée par la pensée humaine et
la faiblesse des êtres. Ainsi, bien des problèmes s'évanouiront, bien des
histoires déformées par un goût infantile du miracle retrouveront un sens
rationnel, et bien des visages couverts d'un voile de glorification pourront
nous regarder avec des yeux divins, remplis d'amour et d'humanité. Tous
les cœurs honnêtes, peu importe leur religion, seront soulagés et reconnais-
sants pour cette vérité, surtout lorsque des récits fantaisistes retrouveront

leurs sources pures et naturelles.

C'est pour cette raison, et c'est parce que ce processus est si commun mais rarement identifié de bonne heure, que le portrait de Râmakrishna dressé par ce disciple attaché à la vérité est intéressant. Il est intéressant non seulement pour ce qu'il est mais aussi pour ce qu'il nous donne à voir de la manière dont une religion se diffuse et se raconte. Rien n'est plus humain que la religion, rien n'est plus exposé aux faiblesses de la nature humaine. Peu importe l'origine que l'on attribue à une religion, celle-ci se répand dès le début à partir de celui qui la reçoit et qui est humain. Et l'étude de la réaction de la nature humaine face à la religion est l'un des aspects les plus utiles de la théologie comparée.

J'ai expliqué aussi clairement que possible à Vivekananda que ses récits sur son maître, quoiqu'édifiants pour les disciples de Râmakrishna, seraient jugés absurdes par les étudiants européens. Les histoires d'événements miraculeux qui auraient eu lieu dans l'enfance du Saint et les apparitions de déesses (devîs) qui insufflaient au samnyâsin une connaissance des langues et des littératures (qu'il n'aurait d'ailleurs jamais eue en réalité) seraient donnés brutalement à de pauvres incroyants ; les descriptions des miracles de Râmakrishna, même accompagnés de preuves tangibles, « seraient contre-productifs ». Vivekananda lui-même connaît bien l'Angleterre et l'Amérique et a parfaitement compris ce que je lui ai expliqué. Et pourtant, sa description de la vie de Râmakrishna, qu'il veut sans fard, présente ici et là des indices de ce que j'appelle processus dialogique. Les disciples dévoués à leur maître ont aussi une tendance indéniable à ponctuer sa vie de miracle, et cette tendance apparaît également dans ce récit. Et j'en serai heureux si cela permet au moins de montrer qu'aucun historien ne peut prétendre à autre chose qu'à montrer son interprétation d'un fait ou d'un homme ou celle d'une autorité qu'il doit écouter. J'ai également consulté un autre récit de la vie de Râmakrishna, publié dans plusieurs numéros de la revue *The Brahmavâdin*, mais, et je le regrette, il s'interrompt après le dix-neuvième volume.

LA VIE DE RÂMAKRISHNA

La Vie de Râmakrishna

Râmakrishna, nous dit-on, est né dans le village de Kamarpukur, dans le district de Hoogly, à environ six kilomètres à l'ouest du district de Jehanabad et à 50 kilomètres au sud du Burdwan. Sa vie sur terre à commencé le 20 février 1833 et s'est terminée le 16 août 1886 à une heure du matin*. Le village dans lequel il est né était habité principalement par des gens des castes inférieures : des forgerons (les karmakars, aussi appelés kamars, selon l'abréviation populaire, ou kamarpukur), mais aussi quelques charpentiers, vachers (les gowalas), laboureurs (les kaivartas) et presseurs d'huile (les telis). Le père de Râmakrishna était le chef de la seule famille brahmane du village. Il était très pauvre mais aurait préféré mourir de faim plutôt que de s'éloigner du sentier très strict de l'orthodoxie brahmane. Il nomma son fils Gadâdhar (un nom de Vishnou qui signifie « celui qui tient la massue ») car il avait fait un rêve prophétique dans lequel Vishnou lui était apparu alors qu'il était en pèlerinage à Gaya. Le dieu lui avait dit qu'il allait naître dans le corps de son fils. Ce n'est que plus tard que Gadâdhar fut appelé Râmakrishna. On raconte, il fallait s'y attendre, que son père, dont le nom était Khudiram Chattopâdhyâya, aimait profondément Dieu. C'était un homme dont l'esprit était pur et le corps élégant et qui était simple et indépendant. Les rumeurs (qui ne sont qu'un autre nom du procédé dialogique dont je vous ai parlé) affirment qu'il possédait des pouvoirs surnaturels, notamment le vak-siddhi, le pouvoir de la parole : tout ce qu'il disait, en bien ou en mal, de n'importe qui, se produisait. Il était vénéré par tous les habitants de son village, qui se levaient à son passage, le saluaient et ne parlaient jamais de frivolités en sa présence.

Sa mère, Chandramani Devî, était-elle aussi un modèle de simplicité et de gentillesse, il ne pouvait en être autrement. L'histoire veut que Mathurânâtha, disciple riche et dévoué de Râmakrishna, vint un jour la

---

* Même les dates sont inexactes dans les notices bibliographiques de Râmakrishna, publiées dans plusieurs revues indiennes peu après sa mort.

voir et la pria d'accepter quelques milliers de roupies. Mais, à sa grande surprise, Chandramani Devî refusa cette offre.

Le père de Râmakrishna prouva qu'il était indépendant alors qu'il vivait encore à Dere, dans la propriété qu'il avait héritée de ses ancêtres. Le zémindar du village voulait qu'il soit son second ; il le menaça de confisquer sa propriété et de l'expulser du village s'il refusait. Mais Khudiram rejeta sa demande, quitta sa maison et migra à Kâmârpur, un village situé à une lieue de là. Grâce à l'aide de quelques vrais amis, il parvint à y vivre et, malgré sa pauvreté, il ne cessa jamais de faire preuve d'une grande générosité envers les plus démunis et il offrit toujours l'hospitalité à tous. Il fréquentait essentiellement des hommes croyants, se livrait à de nombreuses pratiques religieuses et essayait de vivre à chaque instant dans l'exercice de sa foi.

On raconte qu'un jour, le père de Râmakrishna se mit en route pour rendre visite à sa fille, qui vivait à une vingtaine de kilomètres de chez lui. Il avait parcouru plus de la moitié du chemin quand il passa devant un bael couvert de jeunes feuilles vertes. Pour un hindou, ces feuilles sont sacrées ; elles sont employées au cours des cérémonies de vénération de Shiva. C'était le printemps. Les baels se débarrassaient de leur feuillage et Khudiram n'avait plus trouvé de belles feuilles pour honorer Shiva depuis un moment. Quand il vit ces feuilles, il grimpa à l'arbre et en cueillit le plus possible. Il renonça à rendre visite à sa fille et rentra chez lui pour honorer son dieu. Il aimait profondément Râma et sa divinité tutélaire était Srî Râmachandra, le pur. Il avait un carré de terre à l'orée du village et, à la période des semailles, il demandait à quelqu'un de labourer son champ puis il plantait lui-même quelques grains de riz pour honorer Raghuvîra. Il demandait ensuite à des laboureurs de terminer le travail. On raconte que sur son carré de terre, les récoltes furent toujours suffisantes pour nourrir toute sa famille. Khudiram s'en remettait à Raghuvîra, avatar du divin Râma, héros de la dynastie de Raghu, et ne se préoccupait jamais de l'avenir. Son fils Râmakrishna, dit-on, avait quelque chose en lui qui plaisait à tout le monde. Tous l'aimaient comme un frère rien qu'en le voyant.

Après une seule écoute, le jeune enfant était capable de répéter tous les opéras et drames religieux, toutes les pièces de théâtres et toutes les œuvres musicales. Il avait une très belle voix et un goût pour la musique. Il jugeait également avec beaucoup de discernement les défauts et les qualités des statues et des images des dieux et des déesses; alors que Râmakrishna n'était encore qu'un enfant, les anciens du village se fiaient à son jugement. Il pouvait aussi dessiner les dieux. Il répara un jour l'une des représentations en pierre de Sri Krishna qui s'était brisée. Aujourd'hui encore, on peut observer cette statue dans le temple de Dakshineswar fondé par Râni Râshmoni, à environ six kilomètres au nord de Calcutta. Après avoir écouté un drame religieux, par exemple la vie de Sri Krishna, il rassemblait ses petits camarades et leur enseignait les différents rôles des personnages et ils rejouaient l'œuvre dans les champs, sous les arbres. Parfois, il fabriquait une représentation du dieu Shiva et l'honorait avec ses amis. À six ans, il connaissait déjà très bien les Purânas, le Râmâyana, le Mahâbhârata et le Srîmad Bhâgavata, qu'il avait entendus de la bouche des kathakas, des hommes qui prêchent et lisent ces Purânas pour éclairer les masses ignorantes de l'Inde. (Il connaissait probablement tous ces textes en bengali car, d'après son ami Mozoomdar, il ne parla jamais un mot de sanskrit).

La route du pèlerinage de Purî passe par les environs du village où il vivait et, très souvent, des groupes d'ascètes et d'hommes pieux y passaient et séjournaient dans le dharmasâlâ (une maison de pèlerinage) construit par le zémindar du village, membre de la famille Lâhâ. Râmakrishna s'y rendait très souvent pour parler à ces hommes de questions religieuses, apprendre leurs coutumes et écouter leurs récits de voyage.

En Inde, la coutume veut que tous les pandits et professeurs d'un quartier se rassemblent pour de funérailles. Au cours de l'un de ces rassemblements, qui avait lieu dans la maison de la famille Lâhâ, une question portant sur des points complexes de théologie fut soulevée et les érudits ne parvenaient pas à y répondre. Le jeune Râmakrishna s'approcha d'eux et résolut la question avec ses mots simples. Toutes les personnes présentes furent époustouflées. (Ceci provient peut-être d'un *Evangelium infantiae*.)

Il arriva qu'un jour, Râmakrishna, qui n'avait pas encore dix ans, se promenait dans les champs. Le ciel était clair et bleu et il y vit voler une nuée de grues blanches. Le contraste des couleurs était splendide et stimulait son imagination. La scène suscita en lui de telles pensées qu'il tomba par terre, en transe. (Une raison pathologique très simple pourrait expliquer cet événement, qui serait donc véridique. Il se pourrait également qu'il s'agisse d'une image poétique.)

Râmakrishna était le plus jeune de sa famille, qui comptait trois garçons et deux filles. Son frère aîné, Râmkumâr Chattopâdhyâya, était un professeur très érudit de la vieille école. Il enseignait dans son propre établissement, à Calcutta. À l'âge de seize ans, Râmakrishna, qui avait reçu de son père le fil sacré des brahmanes, fut envoyé dans cette école. Quelle ne fut pas sa déception de découvrir qu'après toutes les grandes discussions sur l'être et le non-être, sur le Brahman et le Maya, sur la libération de l'âme par la connaissance de l'Âtman, les érudits ne rêvaient pas d'appliquer ces règles dans leur propre vie mais plutôt d'accumuler de l'or et des biens luxueux, de se faire un nom et une renommée. Il parla à son frère sans détour et lui dit qu'il ne s'intéresserait jamais à un tel enseignement dont le seul but était d'obtenir quelques pièces d'argent, quelques grains de riz et quelques légumes. Il aspirait à apprendre quelque chose qui lui permettrait de s'élever au-dessus de ces choses et de s'offrir à Dieu. À partir de là, il prit ses distances avec l'école.

Le temple de la déesse Kâlî, à Dakshineswar, à quelque huit kilomètres au nord de Calcutta, fut édifié en 1853. Il se trouve au bord du Gange et figure parmi les plus beaux de l'Inde. Les actes du temple furent établis au nom du gourou de Râni Râshmoni car, comme elle était d'une caste inférieure, aucun membre des castes supérieures ne serait allé au temple et n'y aurait apporté de la nourriture si les actes avaient été établis en son nom. Le frère aîné de Sri Râmakrishna fut nommé prêtre de ce temple. Les deux frères furent présents le jour de l'inauguration du lieu sacré mais les préjugés de caste de Râmakrishna étaient si forts à l'époque qu'il protesta vigoureusement contre le fait que son frère soit sous l'autorité d'une femme shudra, c'est-à-dire d'une femme d'une des classes les plus basses, et il refusa d'accepter de la nourriture cuisinée dans l'enceinte du temple, car les Shâstras l'interdisaient. C'est ainsi qu'au milieu des réjouissances de ce jour, au cours duquel quinze à vingt mille personnes furent diverties par des représentations somptueuses, Râmakrishna fut le seul à ne pas rompre son jeûne. Le soir, il se rendit dans une épicerie, acheta pour un paisa de riz frit, et repartit pour Calcutta. Mais une semaine plus tard, l'amour qu'il éprouvait pour son frère le poussa à retourner au temple. À la demande de Râmkumâr Chattopâdhyâya, il accepta d'y vivre, à condition de pouvoir cuisiner ses repas au bord du Gange, le lieu le plus sacré pour les hindous. Quelques mois plus tard, son frère tomba malade et ne fut plus capable d'assumer ses fonctions. Il demanda à Râmakrishna de le remplacer. Celui-ci finit par accepter et se mit à honorer la déesse Kâli avec la plus grande dévotion.

En homme sincère, il ne pouvait rien faire pour des raisons mercantiles et il n'agissait jamais sans une conviction profonde. Il commença à considérer que la déesse Kâlî était sa mère et la mère de l'univers. Il la croyait en vie, respirant, mangeant dans sa propre main. Après les cérémonies traditionnelles, il s'asseyait pendant des heures et des heures, chantait des hymnes, parlait, honorant cette déesse comme un enfant honore sa mère, jusqu'à ce qu'il oublie l'existence du monde extérieur. Il lui arrivait de pleurer pendant des heures; rien ne pouvait le consoler car il ne pouvait voir sa mère aussi parfaitement qu'il le voulait. Les gens commencèrent à être divisés à son sujet. Certains le croyaient fou, d'autres pensaient qu'il aimait profondément Dieu et que cette folie apparente n'était que la manifestation de cet amour. Sa mère et ses frères pensaient que ses délires s'apaiseraient quand il se marierait et devrait s'occuper de ses enfants; ils l'emmenèrent donc dans son village natal et le marièrent à la fille de Râma Chandra Mukhopâdhyâya, qui avait alors cinq ans et se nommait Srîmatî Sârodâ Devî ou Sarada Devî. On raconte que lorsque sa mère et ses frères se mirent en quête d'une épouse pour Râmakrishna, celui-ci leur dit qu'une certaine fille était destinée à l'épouser et qu'elle possédait toutes les qualités d'une déesse (devî). Ils allèrent alors trouver cette femme.

Pour Râmakrishna, certaines femmes naissaient avec toutes les qualités d'une devî et certaines disposaient à l'inverse des qualités démoniaques d'une âsurî. Les premières aidaient leur époux à devenir religieux et ne les poussaient jamais vers la luxure et la sensualité. Râmakrishna pouvait les distinguer les unes des autres rien qu'en les regardant. Un jour, bien des années après son installation au temple de Dakshineswar, Râmakrishna reçut la visite d'une femme qui lui était totalement étrangère. Elle venait d'une famille noble, était mariée à un homme affable, avait cinq ou six en-

fants mais était encore très jeune et très belle. En la voyant, Râmakrishna
dit à ses disciples qu'elle avait les qualités d'une devî et qu'il allait le leur
prouver. Il leur demanda de brûler de l'encens devant elle, de prendre des
fleurs, de les déposer à ses pieds et de l'appeler « mère ». Et cette femme,
qui n'avait jamais connu la méditation (Samâdhi) et n'avait jamais vu cet
homme auparavant, tomba dans une transe profonde, les mains en l'air,
comme pour un acte de bénédiction. Elle resta plusieurs heures dans cet
état et Râmakrishna commença à s'en inquiéter, se disant que son mari
allait l'accuser de pratiquer la magie noire. Il se mit alors à prier la déesse
Kâlî, sa mère, la suppliant de ramener cette femme à la raison. Bientôt,
elle revint à elle et quand elle ouvrit les yeux, ils étaient rouges. Elle avait
l'air ivre. Ses suivantes durent la soutenir tandis qu'elle montait dans une
calèche pour rentrer chez elle. Ce n'est là qu'un exemple d'hypnose parmi
tant d'autres.

Il disait la même chose des hommes. À la fin de sa vie, quand des foules
d'hommes et de jeunes garçons venaient le voir pour écouter son enseignement, il lui arrivait de pointer quelqu'un du doigt dans l'assemblée,
quelqu'un qui allait vivre sa présente vie dans la religion. Les autres, di-
sait-il, devaient profiter de la vie encore un peu avant de ressentir un vrai
désir de religion. Il aimait rappeler : « L'homme qui a été empereur dans
une autre vie, qui a connu les plus grands plaisirs que le monde peut offrir et qui a vu à quel point ils étaient vains, atteindra la perfection dans
cette vie sur terre »

Après son mariage, Râmakrishna retourna à Calcutta et se mit à nouveau
à s'occuper du temple. Mais au lieu de diminuer, sa ferveur et sa dévotion
devinrent mille fois plus fortes. Toute son âme se métamorphosa en un
torrent de larmes et il implora la déesse d'avoir pitié de lui et de se révéler
à lui. Aucune mère éplorée ne versa autant de larmes sur le lit de mort de
son enfant unique que Râmakrishna sur l'autel de Kâlî. Les gens se ras-
semblaient autour de lui et tentaient de le consoler et quand le son des
conques annonçait la mort du jour, il laissait libre cours à sa tristesse et
disait : « Mère, Ô ma mère, un jour de plus s'est écoulé et je ne vous ai toujours pas trouvée ». Les gens le croyaient fou ou pensaient qu'il souffrait
d'une douleur lancinante, comment auraient-ils pu croire, en effet, eux qui

étaient dévoués au lucre et à l'argent, à la renommée et à la gloire, qu'un homme puisse aimer Dieu, ou la Déesse Mère, avec autant d'intensité qu'ils n'aimaient leurs épouses et leurs enfants Le gendre de Râni Râshmoni, Babu Mathurânâtha, qui avait toujours éprouvé beaucoup d'amour pour ce jeune brahmane, l'emmena consulter les meilleurs médecins de Calcutta pour le guérir de sa folie. Mais malgré tout leur talent, ils ne purent rien pour lui. Seul un médecin de Dacca leur dit que cet homme était un grand Yogi, ou ascète, et que tous leurs remèdes ne serviraient à rien pour venir à bout de sa maladie, si vraiment il s'agissait d'une maladie. C'est ainsi que ses amis finirent par renoncer, le croyant perdu.

Pendant ce temps-là, l'amour et la dévotion de Râmakrishna grandissaient jour après jour. Un matin, alors qu'il ressentait très fortement sa séparation de la devî, et alors qu'il pensait mettre fin à ses jours, incapable de supporter sa solitude plus longtemps, il perdit toute sensation du monde et sa mère, Kâlî, lui apparut. Ces visions se reproduisirent de nombreuses fois et il commença à s'apaiser. Parfois, il se demandait si ces visions étaient réelles et il disait alors : « Je les croirai vraies si telle et telle chose ont lieu ». Et, invariablement, ces choses avaient lieu, à l'heure précise où il s'y attendait. Par exemple, il dit un jour : « Je les croirai vraies, et non le fruit d'une maladie de mon cerveau, si les deux filles de Râni Râshmoni, qui ne se sont jamais rendues à ce temple, viennent sous le grand banian cet après-midi et me parlent ». Comme il était un parfait étranger pour elles, sa surprise fut grande quand il les vit debout sous l'arbre au moment où il les attendait. Elles l'appelèrent par son nom et lui dirent de trouver la consolation car sa mère Kâlî aurait certainement pitié de lui. Ces jeunes femmes passaient la plupart de leur temps dans leur zénana et n'étaient jamais allées dans un lieu public mais, sans savoir pourquoi, elles éprouvèrent un violent désir de voir ce temple ce jour-là et eurent la permission de s'y rendre.

Les visions de Râmakrishna se multipliaient jour après jour et ses transes duraient de plus en plus longtemps, au point que les fidèles se rendirent bientôt compte qu'il ne lui était plus possible de s'occuper du temple au quotidien. Il arrivait par exemple qu'il place une fleur sur sa tête et s'identifie au dieu ou à la déesse qu'il allait honorer, comme l'indiquent les Shâstras. Mais alors qu'il s'identifiait à sa mère Kâlî, il entrait en transe et restait dans cet état pendant des heures. De même, de temps en temps, il n'avait plus conscience de son identité, au point qu'il s'appropriait des offrandes faites à la déesse. Parfois, oubliant d'orner l'image de Kâlî, il se paraît lui-même de fleurs. Mathurânâtha commença par s'opposer à ces pratiques mais, rapidement semble-t-il, il vit le corps de Râmakrishna devenir celui du dieu Shiva. Il se mit alors à considérer cet homme comme Dieu en personne et à s'adresser à lui en disant « Mon Père ». Il désigna le neveu de Râmakrishna pour s'occuper du temple et laissa son maître faire ce qu'il voulait.

L'âme ardente de Râmakrishna ne pouvait trouver la paix au milieu de ces fréquentes visions mais elle désirait vivement atteindre la perfection et rencontrer toutes les incarnations de Dieu. Râmakrishna entama donc douze années de tapasya, des exercices ascétiques inconnus jusqu'alors. À la fin de sa vie, se souvenant de ces années de tortures, il disait : « une puissante tornade religieuse soufflait en moi ces années-là et elle mit tout sens dessus dessous ». Il ne savait pas que cette période avait duré si longtemps. Pas un instant il ne put dormir profondément durant ces années-là ; il ne pouvait pas même somnoler. Ses yeux restaient ouverts, le regard fixe. Il pensait parfois qu'il était grièvement malade et, se regardant dans un miroir, il enfonçait son doigt dans son orbite pour voir sa paupière se fermer, mais elle ne se fermait pas. Désespéré, il criait : « Mère ! Ô, ma mère ! Est-ce là ce qui m'arrive pour vous avoir appelée et avoir cru en vous » Et rapidement une voix suave s'élevait, un visage doux lui souriait et il entendait : « Mon fils ! Comment veux-tu atteindre la vérité la plus élevée si tu n'abandonnes pas l'amour de ton corps et de ton petit être » Râmakrishna expliqua plus tard qu'un « torrent de lumière spirituelle illuminait son esprit et le poussait à continuer ». Il disait alors à sa mère : « Mère ! Je n'apprendrai jamais rien de ces hommes perdus mais j'apprendrai de vous, de vous seule. » Et la voix lui répondait : « Oui, mon fils ! ». Râmakrishna raconta à la fin de sa vie qu'il n'avait jamais cherché à préserver son corps. « Mes cheveux ont poussé jusqu'à s'emmêler totalement sans que je ne m'en rende compte. Mon neveu, Hridaya, m'apportait chaque jour de la nourriture, et certains jours il ne parvenait pas même à me faire avaler quelques bouchées. Je ne me rendais compte de rien. Parfois, j'allais chercher un balai dans l'armoire des domestiques que je nettoyais de mes propres mains, et je priais : « Mère !

Détruisez en moi l'idée qui dit que je suis grand, que je suis un brahmane, que les autres sont des parias, des classes inférieures ; car qui sont-ils sinon Vous-même, sous d'autres formes »

« Parfois, disait Râmakrishna, je m'asseyais au bord du Gange, avec quelques pièces d'or et d'argent et une pile de déchets à côté de moi. Je prenais des pièces dans la main droite et des déchets dans la main gauche et je disais à mon âme : "Mon âme ! Voilà ce que le monde appelle l'argent, voilà ces pièces qui portent le visage de la reine. Il peut t'amener du riz et des légumes ou nourrir les pauvres ou construire des maisons et faire tout ce que le monde trouve formidable, mais il ne peut pas t'aider à trouver la connaissance éternelle et la félicité, le Brahman. Considère donc que ces pièces sont des déchets." Je mélangeais alors les pièces et les déchets dans mes mains en répétant sans cesse "l'argent est un déchet ; l'argent est un déchet". Mon esprit perdait la capacité de différencier les deux et je jetais le tout dans le Gange. Rien d'étonnant à ce que les gens me crussent fou. »

À l'époque, Mathurânâtha, qui était entièrement dévoué à Râmakrishna, porta un jour un châle couvert d'or sur ses épaules. Il coûtait environ 1500 roupies. Au départ, Râmakrishna semblait apprécier son habit. Mais, à la grande surprise de son disciple, il le lui arracha soudainement, le jeta par terre, le piétina, cracha dessus et commença à nettoyer le sol avec en disant : « Il renforce la vanité et ne permettra jamais à quiconque d'atteindre la connaissance éternelle et la félicité (Sat-Chit-Ânanda). Il ne vaut donc pas mieux qu'un chiffon déchiré. »

« C'est à peu près à cette époque, expliqua Râmakrishna, que j'ai commencé à souffrir d'une sensation de brûlure dans tout le corps. Je me tenais debout dans le Gange toute la journée, immergé jusqu'aux épaules, une serviette humide sur la tête, tant la sensation était insupportable. Puis une dame brahmane s'est approchée de moi et m'a guéri en trois jours. Elle m'a couvert le corps d'une pâte de bois de santal et a placé des guirlandes autour de mon cou. La douleur a disparu en trois jours. »

Cette femme brahmane était, nous dit-on, une Bengalie extraordinaire. Elle connaissait les philosophies et les mythologies de l'Inde et pouvait réciter par cœur de nombreux livres. Elle pouvait défendre son point de vue face aux plus grands érudits du pays. Grande et gracieuse, elle portait en elle toutes les qualités intellectuelles et physiques qui permettent à un homme ou à une femme de s'élever au-dessus du commun des mortels. Elle avait une belle voix et connaissait la musique. Elle avait renoncé au monde, pratiqué le Yoga (l'ascèse), avait obtenu des pouvoirs yogis merveilleux et parcourait l'Inde vêtue de la robe rouge des samnyâsins. Personne ne savait rien de sa naissance, de sa famille ou même son nom, et personne ne pouvait la convaincre de les dévoiler. C'était comme si une déesse était descendue sur terre pour aider les hommes à trouver la perfection, émue par les peines et les péchés de ce bas monde. Elle semblait avoir toujours su qu'elle était destinée à aider trois personnes bien précises, qui étaient très avancées dans leur quête de perfection. Râmakrishna avait appris par sa divine mère que cette femme viendrait le voir et lui enseignerait le chemin qui mène à la perfection. Il la reconnut immédiatement et elle le reconnut aussi. Elle dit : « J'ai trouvé les deux autres hommes, je vous cherchais depuis très, très longtemps, et aujourd'hui je vous ai trouvé. » Jusque là, Râmakrishna n'avait pas trouvé une seule âme capable de comprendre son dévouement surhumain et sa parfaite pureté. L'arrivée de cette femme fut dès lors un grand soulagement pour lui. Sa dévotion et son amour étaient sans limite.

Tous s'étonnaient de l'incroyable érudition de cette brahmane mais nul ne pouvait comprendre comment elle pouvait aimer ce Râmakrishna qu'ils croyaient fou, et même le considérer supérieur à elle-même. Pour prouver qu'il était sain d'esprit, la dame mentionna des écritures vaishnava, se fit prêter les manuscrits par quelque érudit et se mit à citer le texte, un passage après l'autre, montrant ainsi que ceux qui aimaient Dieu avec ardeur connaissaient les mêmes transformations physiques que Râmakrishna. Ces livres racontaient que les états physiques et mentaux traversés par Râmakrishna avaient été observés quatre cents ans plus tôt chez le grand réformateur religieux du Bengale, Srî Chaitanya, et que des remèdes lui avaient été administrés avec succès. Ainsi, la sensation de brûlure dont souffrait parfois Srî Râmakrishna, cette impression d'avoir le corps en feu, était mentionnée dans les écritures vaishnava. La bergère du Braj, Srî Râdhâ la pure, la bien-aimée de Krishna, l'avait vécue des siècles plus tôt ; plus tard, Srî Chaitanya avait également connu cette sensation. Tous deux avaient traversé cette épreuve au moment où ils ressentaient fortement la douleur d'être séparés de leur Dieu bien-aimé, et tous deux avaient été soulagés grâce à l'application d'une pâte de bois de santal sur leur corps et grâce à des guirlandes de fleurs aux odeurs suaves qu'ils avaient portées. La dame brahmane ne considérait pas qu'il s'agissait d'une véritable maladie mais plutôt d'un état de trouble physique que connaissaient tous ceux qui atteignaient la Bhakti, l'amour de Dieu. Pendant trois jours, elle administra les mêmes remèdes à Râmakrishna, et celui-ci fut soulagé.

Une autre fois, au cours du séjour de la brahmane, Râmakrishna fut pris d'un appétit insatiable. Peu importe ce qu'il mangeait, l'appétit était là, le pourchassant comme s'il n'avait rien ingurgité. La dame brahmane lui assura que Chaitanya et d'autres yogis avaient vécu la même chose et elle fit commander toutes sortes de plats qui furent installés dans sa chambre, à ses côtés, nuit et jour. Cela dura quelques jours puis la vue de toute cette nourriture finit par agir sur son esprit, et la fausse sensation de faim disparut.

La brahmane vécut quelques années auprès de son ami et lui fit pratiquer toutes les différentes sortes de Yoga, qui permettent à un homme d'être totalement maître de son corps et de son esprit, et à ses passions d'être soumises à sa raison. Ces formes de Yoga mènent à une concentration profonde et absolue de l'esprit et, surtout, donnent le courage et la détermination nécessaires à toute personne qui souhaite connaître la vérité, toute la vérité.

C'est donc à cette époque que Râmakrishna commença à pratiquer le Yoga, cette discipline physique qui rend le corps fort et résistant. Il commença par moduler sa respiration et pratiqua le Yoga à huit branches prescrit par Patanjali. Ses professeurs étaient ébahis du peu de temps qu'il lui avait fallu pour maîtriser toutes ces pratiques ascétiques. Une nuit, alors qu'il pratiquait le Yoga, il s'effraya à la vue de deux filets de sang qui sortaient de sa bouche. C'était l'un de ses cousins, Haladhâri, un homme pur, d'une grande érudition, doué de certains pouvoirs psychiques, comme le Vak-siddhi, le pouvoir de la parole, qui s'occupait alors du temple. Quelques jours plus tôt, Râmakrishna l'avait offensé en lui faisant remarquer certains défauts de son caractère, au point que son cousin l'avait insulté et lui avait dit que du sang jaillirait de sa bouche. Râmakrishna était donc apeuré mais un grand yogi qui vivait non loin vint l'aider. Après l'avoir interrogé sur sa condition, il lui affirma que c'était une bonne chose que le sang soit sorti de cette façon. Il devait enseigner à de nombreux hommes et leur faire du bien, et c'est pour cette raison qu'il n'avait pas la permission d'accéder au Samâdhi, cet état de transe dont nul ne revient. Il lui expliqua que lorsqu'un homme atteignait la perfection du Yoga, son sang se précipitait vers son cerveau. L'homme accédait alors totalement au Samâdhi, trouvait son identité avec l'Être Suprême et ne revenait jamais plus parmi le commun des mortels pour parler de ses expériences religieuses aux autres. Seuls quelques-uns revenaient, ceux qui, par la volonté de Dieu, étaient nés pour être de grands professeurs de l'humanité. Le sang de ceux-là se précipitait bel et bien vers leur cerveau ; ces hommes sentaient leur identité avec l'Être Suprême ; puis le sang ressortait du cerveau et ils étaient à nouveau capables d'enseigner.

Râmakrishna finit par apprendre tout ce que la brahmane pouvait lui transmettre mais il rêvait toujours de vérités plus élevées. C'est alors qu'un gñânî, un vrai philosophe, vint à lui et l'initia aux vérités du Vedânta. Cet homme était un samnyâsin du nom de Totâpuri ; il était grand, musclé, puissant. Dès sa plus tendre enfance, il avait fait le vœu de rejoindre l'ordre et, après une longue lutte, il avait réussi à trouver les plus hautes vérités du Vedânta. Il ne portait pas de vêtements et ne se reposait jamais sous un toit. S'il l'avait voulu, les portes des palais se seraient ouvertes devant lui mais il passait toujours la nuit sous un arbre ou sous la voûte bleue des cieux, même en hiver, même pendant la saison des pluies. Il ne restait jamais plus de trois jours au même endroit et ne demandait jamais de nourriture à personne. Libre comme l'air, il errait dans le pays, prodiguant son enseignement, encourageant les âmes sincères à chercher la vérité et les aidant à atteindre la perfection que lui-même avait obtenue. Il était l'incarnation de la vérité selon laquelle le Vedânta, quand il est suivi correctement, devient une règle de vie concrète. Quand il vit Srî Râmakrishna assis au bord du Gange, il vit immédiatement en lui un grand yogi et comprit que son âme était parfaitement prête à recevoir les graines des plus hautes vérités de la religion. Il alla tout de suite lui parler et lui dit : « Mon fils ! Veux-tu connaître le chemin qui mène à la liberté parfaite Viens, alors, je vais te le montrer. » Râmakrishna, qui ne faisait jamais rien sans consulter au préalable sa mère, la déesse Kâlî, répondit qu'il ne savait pas encore ce qu'il allait faire mais qu'il allait poser la question à sa mère. Il revint quelques minutes plus tard et dit au samnyâsin qu'il était prêt. Totâpuri lui fit prononcer le vœu et lui dit comment méditer et comment trouver l'unité. Après trois jours de pratique, il atteint le stade le plus élevé du Samâdhi, le Nirvikalpa, où la perception du sujet ou de l'objet n'existe plus. Le samnyâsin était tout à fait perplexe face aux progrès rapides de son protégé. Il lui dit : « Mon fils ! Ce que j'ai accompli après quarante ans de lutte acharnée, tu l'as fait en trois jours. Je n'oserais dire que tu es mon disciple, alors je dirai que tu es mon ami. » Et l'amour de cet homme saint pour Srî Râmakrishna était si grand qu'il resta près de lui pendant onze mois et apprit à son tour bien des choses. Une histoire parle de ce samnyâsin. Il entretenait toujours un feu qu'il considérait hautement sacré. Un jour, il était assis auprès de ce feu et parlait à Srî Râmakrishna. Un homme s'approcha et alluma sa pipe avec le feu. Ce sacrilège mit le samnyâsin hors de lui mais son disciple lui fit cette simple remontrance : « Est-ce ainsi que tu considères que le Brahman est en toute chose Cet homme n'est-il pas lui-même le Brahman, au même titre que le feu Qu'est-ce qui est élevé et qu'est-ce qui est ne l'est pas, aux yeux d'un gñânî » Le samnyâsin reprit alors ses esprits et dit : « Frère, tu as raison. À partir de maintenant, tu ne me verras plus jamais m'énerver. » Et il tint parole. Cependant, il ne put jamais comprendre l'amour qu'éprouvait Râmakrishna pour sa mère, la déesse Kâlî. Il en parlait comme d'une simple superstition et s'en moquait. Râmakrishna lui fit comprendre que dans l'Absolu, il n'y a pas de « tu », pas de « je », pas de « Dieu », rien ; tout est au-delà de la parole et de la pensée. Mais tant qu'il y a le moindre soupçon de relativité, l'Absolu se trouve dans la pensée et dans la parole, dans les limites de l'esprit. L'esprit est à son tour soumis à l'esprit universel et à la conscience, et cette conscience omnisciente, universelle, pour lui, c'était sa mère et Dieu.

Après le départ de Totâpuri, Râmakrishna chercha à rester uni en permanence avec le Brahman et à maintenir l'état du Nirvikalpa. Plus tard, il dit ceci de cette période de sa vie : « Je suis resté six mois dans cet état d'union parfaite, rarement atteinte par les hommes. Et quand des hommes l'atteignent, ils ne peuvent plus jamais retrouver leur conscience. Leur corps et leur esprit ne pourraient le supporter. Mais mon corps est composé de particules Sattwa, des éléments purs, et peut tolérer les pressions.

À l'époque, je n'étais pas conscient du monde extérieur. Mon corps serait mort par manque de nourriture si un sâdhu, un grand religieux ascète, n'était venu me voir et n'était resté à mes côtés trois jours pour me sauver. Il a vu que j'étais entré dans le Samâdhi et a pris soin de préserver mon corps, alors que j'étais moi-même inconscient de son existence. Il m'apportait chaque jour de la nourriture et cherchait par toutes les méthodes possibles à me faire retrouver la conscience, à me faire éprouver des sensations. Il me frappait même avec un lourd gourdin pour que la douleur me ramène à la conscience. Parfois, il parvenait à me ramener à un stade semi-conscient et il me forçait alors immédiatement à avaler une ou deux bouchées avant que je ne me perde encore dans un profond Samâdhi. Certains jours, quand il ne parvenait pas à susciter la moindre réaction de ma part, même après m'avoir violemment battu, il était très triste.» Après six mois, le corps de Râmakrishna était épuisé par ce traitement sévère et l'homme contracta la dysenterie. La maladie, expliqua-t-il, l'aida beaucoup à retrouver la conscience, lentement mais sûrement, en un ou deux mois. Quand les médecins l'eurent guéri, son zèle religieux prit une nouvelle tournure. Il se mit à pratiquer et à accomplir l'idée vaishnava de l'amour de Dieu. Cet amour, d'après les écritures vaishnava, se manifeste dans les relations suivantes : le lien qui noue un serviteur à son maître, un ami à son ami, un enfant à ses parents, des parents à leur enfant, une femme à son mari. Le stade le plus élevé de l'amour est atteint quand une âme humaine parvient à aimer son Dieu comme une femme aime son mari. La bergère du Braj ressentait cet amour-là à l'égard du divin Krishna et il n'y avait là aucune pensée de relation charnelle. Aucun homme, dit-on, ne peut comprendre l'amour de Srî Râdhâ et de Srî Krishna à moins d'être parfaitement libéré des désirs de la chair. Les hommes ordinaires ne doivent pas lire les livres qui traitent de cet amour, parce qu'ils sont encore sous le joug de la passion. Pour atteindre cet amour, Râmakrishna se vêtit comme une femme pendant plusieurs jours, s'imagina être une femme, et finit par atteindre son idéal. Il vit la belle forme de Srî Krishna en transe et fut satisfait. Après s'être dévoué au vishnouisme, il pratiqua de nombreuses autres religions répandues en Inde, y compris le mahométisme. Il parvenait toujours à comprendre leur but ultime en un temps record. Quand il voulait apprendre et pratiquer les doctrines d'une religion, il trouvait toujours un homme bon et érudit de cette confession et celui-ci l'aidait et le conseillait sur la méthode à suivre. C'est l'une des nombreuses merveilles qui eurent lieu dans sa vie. On peut considérer que ce sont des coïncidences, ce qui reviendrait à dire que c'étaient des merveilles et que l'on ne peut les expliquer. Prenons un autre exemple. À l'époque où il ressentit le désir de pratiquer la religion et de s'élever en elle, il advint qu'il était assis sous l'un des grands banians (un endroit appelé Panchavatî, le jardin des cinq banians), au nord du temple. Il trouvait que ce lieu très isolé était parfait pour accomplir ses pratiques religieuses sans être dérangé. Il pensait y construire une petite hutte de chaume, quand la rivière sortit de son lit et amena avec elle tout ce qui était nécessaire à la construction d'une petite hutte : des bambous, des bâtons, de la corde, etc. Tous ces matériaux furent déposés à quelques mètres de l'endroit où il était assis. Il les prit joyeusement et, avec l'aide du jardinier, bâtit sa petite hutte, où il pratiqua le Yoga.

À la fin de sa vie, il songeait à appliquer les doctrines du christianisme. Il avait eu une vision de Jésus et pendant trois jours il ne pouvait penser à rien d'autre qu'à Lui, il ne pouvait parler de rien d'autre que de Jésus et de Son amour. Ces visions avaient la particularité d'apparaître en dehors de lui mais, une fois qu'elles s'étaient évanouies, elles semblaient l'avoir pénétré. Ce fut le cas pour Râma, Shiva, Kâli, Krishna, Jésus et pour tous les autres dieux, déesses et prophètes qui lui apparurent.

Après avoir eu toutes ces visions et après avoir pratiqué toutes ces religions, il conclut que toutes les religions étaient vraies, même si elles ne prennent en compte qu'un seul aspect de l'Akhanda Satchitananda, c'est-à-dire l'existence une et éternelle, la connaissance et la béatitude. Pour lui, toutes les religions semblaient mener à l'Unité.

Durant toutes ces années, il oublia complètement qu'il avait été marié, ce qui n'était pas surprenant pour quelqu'un qui avait oublié l'existence même de son propre corps. Pendant ce temps-là, la petite fille avait grandi et avait atteint l'âge de dix-sept ou dix-huit ans. Elle avait entendu les rumeurs qui disaient que son mari était devenu fou et en était profondément affligée. Puis elle apprit qu'il était devenu un grand religieux. Elle décida donc d'aller le voir et d'écouter ce qu'il avait à dire de son destin. Ayant reçu l'autorisation de sa mère, elle se rendit au temple de Dakshineswar, parcourant à pied les cinquante ou soixante kilomètres qui l'en séparaient. Râmakrishna la reçut très gentiment mais lui dit que l'ancien Râmakrishna était mort et que le nouveau ne pourrait jamais s'occuper d'une épouse. Il dit encore que malgré cela, il voyait en elle sa mère, la déesse Kâlî, et qu'en dépit de tous ses efforts, il ne pourrait jamais voir autre chose. Il lui parla comme à sa mère, l'honora avec des fleurs et de l'encens, lui demanda ses bénédictions, comme un enfant les demande à sa mère, puis il se perdit dans une profonde transe. Son épouse, qui était véritablement digne de ce héros, lui dit qu'elle n'attendait rien de lui en tant que mari, mais qu'il devrait lui apprendre à trouver Dieu et lui permettre de rester près de lui, de lui préparer ses repas et de faire ce qu'elle pourrait pour sa santé et pour son confort. À partir de ce jour-là, elle s'installa dans l'enceinte du temple et commença à accomplir toutes les pratiques que son mari lui enseignait. Mathurânâtha lui offrit la somme de 10 000 roupies mais elle refusa cet argent, affirmant que son mari avait atteint la perfection en renonçant à l'or et à tous les plaisirs, et qu'elle-même n'en voulait pas car elle était dé-terminée à faire de même. Elle est encore en vie, vénérée de tous pour sa pureté et sa force de caractère. Elle aide les autres femmes à trouver la re-ligion et la perfection, elle considère que son mari est une incarnation de Dieu en personne et essaie de poursuivre l'œuvre entamée par son mari.

Bien qu'il n'avait pas reçu de véritable éducation, Râmakrishna avait une mémoire incroyable. Il n'oubliait jamais ce qu'il avait entendu. À la fin de sa vie, il voulut écouter l'Adhyâtma Râmâyana et demanda à l'un de ses disciples de lui lire le texte original. Tandis qu'il écoutait, un autre de ses disciples lui demanda s'il comprenait ces vers. Il répondit qu'il avait déjà entendu le livre et ses explications et qu'il le connaissait donc parfaitement. Puis il ajouta qu'il voulait l'entendre à nouveau parce que le texte était magnifique et il récita les quelques vers suivants, avant qu'ils ne soient lus.

Grâce au Yoga, il avait obtenu de grands et merveilleux pouvoirs mais ne voulait jamais les montrer à qui que ce soit. Il dit à ses disciples que tout homme qui progressait dans le Yoga obtenait de tels pouvoirs mais il les mit tout de même en garde, les exhortant à ne pas prêter attention aux opinions des hommes et à ne pas essayer de leur plaire car ils devaient seulement essayer d'atteindre la perfection, c'est-à-dire l'union avec le Brahman. Le pouvoir de faire des miracles était un obstacle à la perfection dans la mesure où il détournait l'attention d'un homme de son but ultime. Mais ceux qui connurent Râmakrishna ont de nombreuses preuves indiquant qu'il possédait des pouvoirs, comme la capacité de lire les pensées, de prédire l'avenir, de voir des choses qui se produisaient loin de lui et de guérir des maladies par la seule volonté. Le grand pouvoir qu'il utilisait le plus, et qui était de loin le plus merveilleux, était celui de transformer les pensées d'un homme par le toucher. Au contact de Râmakrishna, certains hommes accédaient immédiatement au Samâdhi. Ils avaient des visions de dieux et de déesses et perdaient pour quelques heures toute sensation du monde extérieur. D'autres ne vivaient aucun changement extérieur mais avaient l'impression que leurs pensées avaient pris une nouvelle direction et avaient reçu une nouvelle énergie grâce auxquelles ils pouvaient emprunter facilement un chemin leur permettant de progresser en religion. Ainsi, ceux qui étaient enclins aux plaisirs charnels s'en désintéressaient et ceux qui étaient avares perdaient l'amour de l'or, pour ne donner que deux exemples.

À la même période, Mathurânâtha et sa famille partirent en pèlerinage et emmenèrent Râmakrishna avec eux. Ils visitèrent tous les lieux sacrés des hindous et se rendirent jusqu'à Vrindâvana. Râmakrishna en profita pour voir les temples, bien sûr, mais aussi pour tisser des liens avec des hommes religieux et avec les samnyâsins qui vivaient dans ces endroits saints. Il rencontra ainsi le célèbre Trailanga Swami de Bénarès et Gangâ Mâtâ de Vrindâvana. Ces sâdhus lui octroyèrent une position très élevée. Ils le considéraient non seulement comme un brâhmaGñâni mais aussi comme un acharya, un grand professeur de religion, ou même une incarnation de Dieu en personne. À Brindabana il fut si frappé par le décor naturel qu'il se décida presque de s'y installer pour toujours. Mais le souvenir de sa vieille mère le fit rentrer chez lui. Sur le chemin du retour, il fut frappé par la pauvreté d'un village proche de Baidyanâth. Il pleura amèrement et refusa de quitter l'endroit avant d'avoir vu ses habitants heureux. Alors Mathurânâtha nourrit tout le village pendant plusieurs jours et offrit des vêtements et de l'argent à chacun des villageois. Ils purent ensuite repartir et Râmakrishna fut satisfait.

« Quand la rose est caressée par le vent et exhale son parfum, les abeilles s'en approchent. Ce sont les abeilles qui cherchent la rose et non pas la rose qui cherche les abeilles. » Ce proverbe de Srî Râmakrishna s'est souvent vérifié, y compris au cours de sa propre vie. Bien des hommes honnêtes, de toutes les confessions, de toutes les croyances, se rassemblèrent autour de lui pour recevoir son enseignement et boire les eaux de la vie. De l'aurore au crépuscule, il ne pouvait ni boire ni manger, tant il était impliqué dans ses activités d'enseignement et de prosélytisme, tant il s'occupait des besoins de ces foules affamées et assoiffées. Des hommes que le Yoga avait doué de merveilleux pouvoirs et de grandes connaissances venaient s'instruire auprès de ce paramahamsa illettré de Dakshineswar. L'un après l'autre, ils le reconnaissaient comme leur gourou, leur guide spirituel, touchés par l'incroyable pureté, la candeur infantile, la générosité parfaite et la langue simple dans laquelle il professait les plus hautes vérités de la religion et de la philosophie. Mais les habitants de Calcutta ne le connurent pas avant sa rencontre avec Babu Keshub Chandra Sen, qui écrivit sur lui. L'entretien entre Râmakrishna et Keshub fut ainsi rapporté par écrit. En 1866, Keshub menait une vie de prière et d'isolement dans une maison de Belgharia, à environ trois kilomètres du temple de Dakshineswar. Râmakrishna entendit parler de lui et alla le voir. Keshub fut tant impressionné par ses mots simples, porteurs de la plus grande connaissance, par son merveilleux amour de Dieu et par ses profondes transes qu'il commença à se rendre régulièrement chez lui. Il s'asseyait pendant des heures aux pieds de Râmakrishna et, en extase, écoutait ses merveilleux propos religieux. De temps en temps, Râmakrishna se perdait dans le Samâdhi et Keshub touchait alors délicatement ses pieds afin d'être purifié. Parfois, il invitait le paramahamsa chez lui ou l'emmenait faire de longues promenades en bateau sur la rivière. Puis il l'interrogeait sur certains points de religion afin de balayer ses doutes. Un amour profond et fort naquit entre ces deux hommes et la vie de Keshub en fut totalement transformée. Puis, quelques années plus tard, il proclama son point de vue sur la religion sous la forme du Nouveau Régime, qui n'était rien d'autre qu'une représentation partielle des vérités que Râmakrishna lui avait si longtemps enseignées.

Une brève esquisse des enseignements de Râmakrishna et quelques-uns de ses proverbes, publiés par Keshub, suffirent à susciter un large intérêt pour le paramahamsa. De nombreux érudits de Calcutta et de nombreuses femmes nobles commencèrent à affluer pour écouter l'enseignement de ce formidable yogi. Râmakrishna se mit à leur parler du matin au soir, transmettant son savoir. Et même ensuite il ne se reposait pas, car certains des plus fidèles restaient là et passaient la nuit avec lui. Il en vint à oublier de dormir et parlait sans cesse de la dévotion (Bhakti), de la connaissance (Jñâna), de ses propres expériences et de la façon dont il atteignait ces états. Même si ce travail incessant commençait à lui peser, il ne se reposait pas. Les hommes et les femmes étaient de plus en plus nombreux autour de lui, mais il poursuivait sa besogne. Quand on le priait de se reposer, il disait : « Je souffrirai volontairement les pires douleurs physiques, je mourrai même s'il le faut, cent mille fois, si cela permet à une seule âme de trouver la liberté et le salut. »

Au début de l'année 1885, il attrapa une pharyngite qui se développa petit à petit en cancer. Il fut transporté à Calcutta et les meilleurs médecins furent chargés de le soigner. Le docteur Babu Mahendralal Sarkar et d'autres médecins lui conseillèrent d'observer le silence le plus strict mais cela n'eut aucun effet. Peu importe l'endroit où Râmakrishna se rendait, des foules d'hommes et de femmes le suivaient et attendaient patiemment qu'il prononce un mot. Et lui, empreint de compassion, brisait le silence. Souvent, il se perdait dans le Samâdhi et n'avait plus conscience de son corps ou de sa maladie, et quand il revenait, il était à nouveau intarissable. Même quand sa gorge était si obstruée qu'il ne pouvait plus avaler de nourriture liquide, il ne renonça pas. Il était vaillant et plus souriant que jamais lorsque, le 16 août 1886 à dix heures du soir, il entra dans le Samâdhi et n'en revint plus. Au départ, ses disciples pensèrent qu'il s'agissait d'un Samâdhi ordinaire, un état qu'il connaissait au quotidien, au cours duquel les meilleurs médecins ne parvenaient pas à entendre une pulsation ou un battement de cœur, mais, malheureusement, ils se trompaient.

Râmakrishna éprouvait une telle aversion contre l'or et l'argent qu'il ne pouvait même pas en toucher et s'il entrait en contact avec ces matières, il était pris de crispations, même pendant son sommeil. Il cessait de respirer et ses doigts restaient crispés et paralysés pendant quelques minutes. Cet état se prolongeait encore après que le métal ait été retiré. À la fin de sa vie, il ne pouvait plus toucher aucun métal, pas même le fer.

Râmakrishna était à la fois Dieu et homme. Dans son état normal, il se disait serviteur de l'humanité. Il considérait que tous les hommes et les femmes étaient Dieu. Il ne voulait jamais être appelé gourou ou professeur. Il ne cherchait jamais à s'octroyer une position élevée. Il touchait avec déférence le sol que ses disciples avaient foulé. Mais de temps en temps, il était saisi d'une conscience Divine. Il devenait alors un être totalement différent. Il se disait capable de tout faire ; il disait tout savoir. Il s'exprimait comme s'il avait le pouvoir de donner n'importe quoi à n'importe qui. Il disait que son âme était celle de Râma, de Krishna, de Jésus, du Bouddha, et maintenant de Râmakrishna. Bien avant d'être connu, il dit à Mathurânâtha que de nombreux disciples viendraient bientôt à lui et qu'il les connaissait tous. Il dit qu'il était libre de toute éternité et que la lutte religieuse qu'il avait menée, les pratiques qu'il avait effectuées n'avaient été que pour montrer aux hommes le chemin du salut. Il avait fait tout cela pour eux. Il disait qu'il était un nitya-mukta, un être éternellement libre, et une incarnation de Dieu. Il disait : « Le fruit de la citrouille apparaît, ensuite viennent les fleurs ; il en va de même avec les nitya-mukta, des êtres libres pour l'éternité qui reviennent pour le bien des autres. »

Quand il était dans le Samâdhi, il perdait toute conscience de son être et du monde extérieur. Il lui arriva même un jour de tomber sur des charbons ardents qui lui brûlèrent la chair pendant des heures sans qu'il ne s'en rende compte. Le chirurgien dut extraire le charbon de sa peau et, quand Râmakrishna revint à lui, il sentit sa blessure.

Une autre fois, il glissa et se cassa la main. Le chirurgien immobilisa sa main et le pria de ne pas s'en servir avant d'être tout à fait guéri. Mais ce fut impossible. Dès que quelqu'un lui parlait de religion ou de Dieu, il entrait dans le Samâdhi, ses mains se raidissaient et la blessure devait à nouveau être soignée. Il en fut ainsi pendant des semaines entières ; il fallut six mois, voire plus, pour que cette simple fracture guérisse.

Mathurânâtha proposa à de nombreuses reprises à Râmakrishna de lui céder le temple de Dakshineswar et un revenu foncier de 25 000 roupies par an mais celui-ci refusa. Il ajouta qu'il devrait s'enfuir du temple si Mathurânâtha cherchait à lui forcer la main. Il arriva encore qu'un homme lui propose 25 000 roupies, mais Râmakrishna refusa également.

Commentaires sur la Vie de Râmakrishna

Voici tout ce que Vivekânanda m'envoya lorsque je lui demandai de poser par écrit tout ce dont il pouvait rassembler de sa propre mémoire et de la communication qu'il eut avec les autres disciples de Râmakrishna. Je l'avais prévenu à maintes reprises de ne pas m'envoyer de simples fables telles que j'avais lu à propos de son guru dans plusieurs périodiques indiens, et je pense qu'il comprit entièrement ce que je voulais dire. Pourtant, nous ne pouvons à peine manquer de voir les premières prémisses des ravages que produit le processus dialogique même dans la première génération. Étant donné sa propre admiration pour son défunt maître, il y a une réticence naturelle voire une incapacité à croire ou à répéter quoique ce soit qui placerait son maître sous un mauvais angle. De plus, son maître était déjà mort lorsque ces récits furent écrits et le *de mortuis nihil nisi bonum* (des morts : rien sinon le bien) est profondément gravé dans le cœur de chaque homme. Ce que tout le monde croit ou dit dans un petit village, principalement par ses amis et ses fidèles, sera peu probablement contredit ; et si, à partir du moment où un homme est considéré comme différent des autres, étant doté de pouvoirs surhumains et miraculeux, tout le monde a quelque chose de nouveau à ajouter pour confirmer ce dont tout le monde est prêt à croire alors qu'un doute ou un déni est vu comme un signe d'antipathie, voire d'envie ou de malice. Par exemple, l'histoire de la dame brahmane qui avait été envoyée en tant que messager et professeur de Râmakrishna nous paraîtra bien loin d'être probable. Mais lorsque je l'entendis pour la première fois, cette dame était représentée comme une sorte de déesse qui rencontra son élève dans une forêt et qui l'instruisit, comme une autre Sarasvatî, dans tous les Védas, les Puranas et les philosophies. La difficulté qui devait être surmontée par cette apparition divine était sans aucun doute le fait que Râmakrishna n'eût jamais reçu une éducation classique correcte, et pourtant, il parlait avec assurance de l'ancienne littérature et religion de ses compatriotes. Le fait qu'il ne connaissait pas le sanskrit voire qu'il ne connaissait pas un seul mot de la langue sacrée de l'Inde, n'est démenti de personne et a été expressément affirmé par l'un de ses grands admirateurs, le Révérend P.C. Mozoomdar. Bien sûr, il connaissait le bengali, et un homme qui parle le bengali peut deviner la signification du sanskrit de la même manière qu'un italien peut deviner la signification du latin. Certains des textes classiques sanskrits existent en traduction bengalie et lui ont peut-être donné toutes les informations dont il avait besoin pour ses propres raisons, afin de ne rien dire de ses communications constantes avec les hommes savants qui l'auraient mis en garde contre les erreurs et auraient répondu à n'importe quelle question qu'il aurait pu avoir. Par conséquent, il n'avait vraiment pas besoin de la *Dea ex machina* (déesse issue de la machine). Si cette dame brahmane était appelée déesse, nous devons nous souvenir que Devî n'est rien de plus qu'un titre honorifique donné à ceux de naissance noble et aux femmes illustres, voire qu'on l'on aurait pu dire d'une dame bien informée et éclairée qu'elle fût une incarnation de la déesse Sarasvatî. En Inde, la distance entre divinité et genre humain est très courte ; on croit que les dieux dont amenés à devenir des hommes et les hommes, des dieux et ce, sans plus de cérémonie.

L'opinion de Mozoomdar

Fort heureusement, nous avons dans notre dossier le témoignage non seulement de Vivekânanda, qui, en tant que disciple dévoué de Râmakrishna pourrait être soupçonné de partialité, mais nous avons également plusieurs témoins indépendants, certains avantageux et d'autres non. Mozoomdar doit être compté parmi les témoins avantageux. Il se tient à l'écart de la propagande conduite par les disciples de Râmakrishna mais il parle de lui dans les meilleurs termes. Dans une lettre qu'il m'avait adressé en septembre 1895, il écrivit : « Que ce soit dans La Vie et Les Enseignements de Keshab ou dans la vieille Analyse Théiste, j'ai exprimé mon sentiment à l'égard de cet homme saint et de nos obligations envers lui de manière franche et chaleureuse. Mais il y avait un autre côté à son personnage, lequel on ne pouvait bien évidemment pas accepter car il n'était pas édifiant ». Ici, nous pouvons voir un autre ingrédient du processus dialogique.

Le Langage de Râmakrishna

Parfois, son discours était abominablement grossier. Après tout, il était, comme vous le dites, un véritable Mahâtman, et je ne retirerai pas un seul mot que j'ai écrit dans sa louange. Râmakrishna n'était pas du tout un védantiste mais pour autant, chaque hindou absorbe inconsciemment de son atmosphère environnante une quantité de védantisme, lequel est le pilier philosophique de chaque culte national. Il ne connaissait pas un mot du sanskrit et l'on peut même douter qu'il connût assez bien le bengali. Sa sagesse spirituelle provenait de son génie et de son observation pragmatique.

Il y a du vrai et de l'impartialité là-dedans, et il n'y a aucun signe de jalousie, laquelle éclate souvent, même en Inde, parmi les réformateurs religieux et leurs fidèles. En ce qui concerne son langage grossier, nous devons nous préparer à entendre de plus en plus de paroles strictes au sein des races orientales. Dans un pays où certaines classes d'hommes sont autorisées à se promener complètement nues dans les lieux publics, il est aussi très peu probable que le langage voile ce qui requiert d'être voilé avec nous. Il y a néanmoins une grande différence entre ce qui est grossier et ce qui est destiné à être grossier. Je doute que la charge contre la grossièreté ou l'obscénité pour laquelle des auteurs comme Zola furent accusés puisse être appliquée ou a jamais été appliquée à Râmakrishna. Il est assez vrai que les hindous qui appartiennent à une classe sociale plus élevée, bien que pas nécessairement brahmane de naissance, seraient plus prudents avec leurs tournures. Nous ne trouvons que rarement des défauts de ce genre dans les écrits de Râm Mohan Roy, de Keshab Chandra Sen et de leurs amis. Mais un certain franc-parler, qui serait très offensant en Angleterre, n'est évidemment pas vu sous le même angle en Inde, et chaque intellectuel sait que bon nombre de leurs poèmes classiques, voire même de leurs écritures sacrées, contiennent des passages qui ne permettent tout simplement pas une traduction en anglais. Dans les trois *centuries* (sataka) de Bhartrihari, qui traitent de la sagesse de ce monde, de l'amour, de la privation de la passion, le second, celui de l'amour, a généralement été omis dans les traductions anglaises. Mais l'esprit de celui du shringara n'est en aucun cas le même que celui dans les romans de Zola. Au contraire, l'objectif du poète est de mettre en garde les gens contre la voluptuosité, pas comme quelque chose de criminel en soi, ce qui n'a jamais été l'avis des indiens, mais comme une entrave pour atteindre la sérénité de l'esprit sans laquelle les plus grands objectifs de la vie, l'impassibilité, la sérénité et la clairvoyance ne peuvent jamais être atteints. Une édition très utile de toutes ces trois satakas a récemment été publiée par Puhorit Gopi Nath, M.A., Bombay, 1896.

Il ne faut pas oublier que dans Homer, dans Shakespeare, voire même dans la Bible, il y a des passages contre lesquels notre goût moderne se révolte, et pourtant, nous nous opposons aux éditions expurgées, car les indécences ne sont jamais de nature intentionnelle et sembleraient l'avoir été si elles étaient maintenant retirées par nos soins.

L'épouse de Râmakrishna

Une autre charge que Mozoomdar semble considérer comme une preuve contre Râmakrishna est ce qu'il appelle la façon presque barbare de traiter son épouse. Ce qu'il entend évidemment par là, c'est qu'il l'oublia ou la négligea jusqu'à ce qu'elle atteignît l'âge de dix-sept ans. Mais en Inde, l'on ne peut presque pas appeler cela être barbare, puisque le fait qu'une fille âgée de cinq ans, comme l'était son épouse lorsqu'il se maria avec elle, reste habiter dans la maison de ses parents pendant des années avant qu'elle ne rejoigne la maison de son époux et de ses parents est une coutume reconnue. Aussi, le fait qu'un homme dans un état tel que l'on dit que Râmakrishna fut doive décliner de vivre maritalement est, encore une fois, en aucun cas inhabituel dans les pays orientaux voire dans les pays occidentaux également.

Vivekânanda nous dit que lorsqu'il avait dix-sept ans, sa femme vînt le trouver, qu'il l'accueillit avec une réelle gentillesse et qu'elle était plutôt satisfaite de vivre avec lui à sa manière pourvu qu'il éclaire son esprit et qu'il lui fasse connaître et servir Dieu. Une telle relation n'est en aucun cas sans précédent et ne peut être qualifiée de barbare puisque *volenti non fit injuria* (celui qui a consenti à l'acte ne peut prétendre en être la victime).

Étrangement, je reçus quelques jours après une lettre d'une dame américaine qui était allée visiter la veuve de Râmakrishna, Mme S.C. Ole Bull, la veuve du célèbre violoniste et qui était profondément intéressée par les mouvements religieux en Inde. Le 11 juillet 1898, elle écrit de Srinagar en cachemiri : « Nous fûmes les premiers étrangers à être autorisés à voir Sarada-devî, la veuve de Râmakrishna. Elle nous appelait ses enfants et en disant que notre visite fut divine, elle ne ressentit aucune étrangeté à être avec nous. Lorsque l'on lui demandait de définir ce qu'était l'obéissance à un guru, qui dans son cas était son époux, elle répondit à cet effet que lorsque l'on choisit un guru ou un maître, on doit écouter et obéir à toutes ses instructions afin d'atteindre un avancement spirituel, mais dans les choses temporaires, on peut très sincèrement servir un guru en usant de son meilleur discernement, même si parfois, il n'est pas en accord avec les suggestions données.

« Lorsqu'elle donna volontiers à son époux, avec lequel elle avait été unie pour un mariage dès l'enfance, son consentement pour qu'il puisse mener une vie de samnyâsin, elle gagna son amitié intime, devînt son disciple et reçut des instructions quotidiennement. Pendant ses années de vie avec lui, elle était sa conseillère et priait sérieusement pour tant de pureté et de motivation afin de ne jamais le décevoir. Elle avait également fait le vœu de pauvreté et de chasteté et, en renonçant aux joies naturelles d'être mère, elle devînt le parent spirituel de nombreux enfants. »

Il est étrange qu'un homme de connaissance et d'expérience tel que Mozoomdar eût considéré la détermination de l'épouse de Râmakrishna à vivre avec lui une vie de samnyâsin comme étant une façon barbare de la traiter. Évidemment, elle-même ne pensait pas pareillement et je n'ai jamais entendu parler d'une quelconque cruauté de la part de son époux. Si elle était satisfaite de sa vie, qui a le droit de se plaindre ; et l'amour entre époux et épouse est-il réellement impossible sans la procréation d'enfants Nous devons apprendre à croire en l'honnêteté hindoue, peu importe à quel point nous pouvons être à juste titre incrédules face à de tels sujets dans notre propre pays. Quoiqu'il en soit, je ne connais personne d'autre qui fût offensé par le mariage spirituel de Râmakrishna.

L'Influence de Râmakrishna sur Keshab Chandra Sen

Une incompréhension plus douloureuse a émergé concernant la relation entre Râmakrishna et Keshab Chandra Sen. Un disciple peut vouloir dire beaucoup de choses, mais Keshab Chandra Sen n'était jamais précautionneux lorsqu'il s'agissait de donner du mérite là où il était dû, et il était le dernier à taire le nom de son maître et professeur à Râmakrishna ou à n'importe qui d'autre de qui il avait reçu de l'inspiration, de l'encouragement ou de l'instruction. «Peu importe qui il est», écrit-il, «Je désire apprendre de lui. Si je vois un quelconque ménestrel, j'aime apprendre à ses pieds. Si un ascète vient, je considère qu'un lakh de roupies (100 000 roupies) est venu jusque chez moi. J'apprends beaucoup en écoutant ses hymnes... Je peux percevoir clairement que lorsqu'un saint prend congé de moi, il verse ses vertus dans mon cœur. Dans une certaine mesure, je deviens comme lui. Je suis né disciple». D'autre part, personne ne répudiait le titre de maître ou de guru plus catégoriquement que Râmakrishna. Néanmoins, un parent de Keshab Chandra Sen qui, manifestement, ne comprenait pas du tout ce qui était impliqué par l'influence qu'avait exercé Râmakrishna sur Keshab Chandra Sen, Mozoomdar, et d'autres de ses disciples, est très impatient de définir la précellence de Keshab Chandra Sen, comme s'il pouvait y avoir de précellence dans la vérité philosophique ou religieuse. «Ce fut Keshab Chandra Sen», nous dit-il, «qui sortit Râmakrishna de l'obscurité». C'est peut-être le cas, mais combien de fois les disciples ont-ils contribué à mettre en valeur leur maître Puis, il continue à porter plainte contre Râmakrishna, concernant des choses qui sont peut-être vraies ou non, mais qui n'ont rien à voir avec la vraie relation entre Keshab et Râmakrishna. Si, comme on nous le dit, il ne montra pas avoir éprouvé une exécration morale suffisante pour les prostituées, il n'est pas le seul à ne pas le faire parmi les fondateurs d'une religion. S'il n'a pas «honoré le principe d'abstinence pour la consommation d'alcool selon les idées occidentales», personne, en ce qui me concerne, ne l'a jamais accusé d'excès face à l'alcool. De telles chamailleries et chicaneries auraient été très déplaisantes pour Keshab Chandra Sen et Râmakrishna. Les deux n'avaient rien que des paroles de louanges et d'amour pour l'autre et c'était bien dommage que leur relation ait été traitée par les autres dans un esprit jaloux et ainsi, totalement mal représentée. Je peux comprendre qu'en Inde, où la relation entre le guru et le sishya est très particulière et très définie, un parent de Kashab Chandra Sen aurait pu s'opposer à ce que Râmakrishna fût représenté comme le guru de Keshab. Keshab n'avait pas de véritable guru et il n'était pas non plus un véritable brahmane de naissance comme le fut Râmakrishna. Mais lui, ainsi que Mozoomdar, a admis à maintes reprises avoir appris de Râmakrishna. En ce qui me concerne, je ne peux qu'affirmer que la mémoire de Keshab Chandra Sen est sauve entre mes mains, peut-être même plus sauve que dans celles de sa famille. Je l'ai défendu lorsque ses plus proches amis l'abandonnèrent et se retournèrent contre lui. Si mes paroles ont peut-être pu être mal interprétées en Inde, je déclare volontiers que Râmakrishna n'agit pas comme un guru et que Keshab Chandra Sen n'agit pas comme un sishya. La seule chose qui m'intéressait fût de déterminer si l'influence exercée par le premier sur le dernier put possiblement expliquer, car cela n'a jamais encore été fait, les étapes du développement spirituel ultérieur de Keshab Chandra Sen. Cela nous aiderait grandement à nous faire une opinion sur Keshab Chandra Sen si nous savions que, pour citer les mots de Mozoomdar, « son lien avec Râmakrishna développa la conception de la maternité de Dieu » ; ou encore que, « l'étrange sélectivisme de Râmakrishna suggéra à l'esprit admiratif de Keshab l'idée d'élargir la structure spirituelle de son propre mouvement ». Que Keshab devînt vers la fin de sa vie mystique et extatique dans ses déclarations, et que son concept de la divinité comme la mère divine fut inspiré par Râmakrishna, je laisse volontiers les autres en décider. Quoique ces mots mystique et extatique veulent signifier, si traduits en bengali, en anglais ils signifient précisément que l'esprit qui imprègne de nombreuses paroles du prétendu nouveau régime religieux, et qui fit sévèrement, et bien trop sévèrement, l'objet d'animadversion par nombre des admirateurs européens de Keshab. Le terme mystique n'a pas la même signification horrible en anglais que son équivalent en bengali. Les gens semblent toujours s'imaginer que mystique a quelque chose à voir avec les larmes. Ainsi, le défunt B.R. Rajam Iyer écrivit dans le Prabuddha Bharata, p. 123 :

Le Védanta sera certainement du mysticisme s'il cherche à faire vivre un homme sans qu'il ne se nourrisse, qu'il lui permette de préserver sa vie aussi longtemps qu'il le souhaite ou qu'il le rende raide comme un cadavre, entièrement mort aux yeux du monde, bien qu'une lueur de vie obscure puisse subsister dans le système. Le Védanta sera certainement du mysticisme s'il permet à l'homme d'accomplir de merveilleuses prouesses comme voler dans les airs en laisser libre cours au mouvements de son corps et en déambulant dans l'espace libre comme un spectre, ou s'il lui permet d'entrer dans le corps des autres, les posséder comme les esprits et faire des choses similaires à caractère anormal. Le Védanta sera certainement du mysticisme s'il cherche à faire qu'un homme puisse lire les pensées des autres, de le mettre dans un état perpétuel de transe, lorsqu'il serait plus mort que vivant, en faisant référence à lui-même et aux autres». Si je cite ces mots, c'est en partie pour montrer le mauvais usage du terme mysticisme puisque tout cela ne devrait pas être appelé du mysticisme, mais plutôt de la fraude et de la jonglerie; et également en partie pour montrer que le Védanta n'est pas, et n'a jamais été, dans les yeux de Keshab Chandra Sen ou de Râmakrishna. C'était parce que je voulais exprimer ma conviction au sujet de certaines des étapes ultérieures dans le prétendu nouveau régime religieux de Keshab n'étaient pas essentielles dans son enseignement original, que j'essayai de retrouver leurs sources. Si certains fidèles de Râmakrishna ont tiré profit de ces remarques, de telles jalousies et médisances peuvent certainement être tout à fait ignorées. Une compréhension honnête entre l'orient et l'occident, ce qui était l'un des plus grands idéaux de Keshab, ne peut être servie par les incompréhensions quelque peu puériles des défenseurs auto-proclamés de Keshab. Keshab lui-même aurait été le dernier à approuver l'esprit qui imprègne le plaidoyer fervent bien que, je le crois, bien attentionné de ses amis.

La Philosophie du Védanta

Retour à présent sur Râmakrishna, je peux assurer au défenseur zélé de Keshab que je n'ai jamais considéré Râmakrishna comme étant l'initiateur de la philosophie védantique. Il ne possédait pas les connaissances intellectuelles de l'ancien système de la philosophie védantique et je ne suis pas non plus certain que Keshab Chandra Sen eût étudié les célèbres explications de Samkara ou de Râmânuga sur les sutras du Védanta. Mais les deux étaient tout à fait imprégnés de l'esprit de cette philosophie, lequel est, en réalité, l'air respiré par plus ou moins chaque hindou qui se sent concerné par la philosophie ou la religion. Il est difficile de déterminer si l'on doit considérer le Védanta comme une philosophie ou une religion, les deux étant inséparables du point de vue hindou.

Ce qui est curieux, en revanche, dans les déclarations de Keshab Chandra Sen et de Râmakrishna, c'est le mélange des idées européennes. Aucun des deux n'aurait pu parler comme ils le faisaient avant que le gouvernement britannique ne commençât son travail lié à l'éducation en Inde. L'essentiel de leur enseignement est sans aucun doute entièrement indien. C'est bien de la vieille philosophie indienne, correctement appelée Védanta ou l'aboutissement des Védas, mais il y a visiblement une touche, et parfois bien plus qu'une simple touche, des pensées européennes dans les écrits de Keshab ; et nous retrouvons souvent des références plutôt inattendues des sujets européens, sans compter les lignes de chemin de fer et l'essence dans les paroles de Râmakrishna.

Il est nécessaire d'expliquer en quelques mots la nature de cette philosophie védantique, laquelle est la moelle présente dans tous les os de la doctrine de Râmakrishna. Il est toutefois difficile de donner un court résumé de cette philosophie ancienne, en particulier si l'on considère qu'il existe maintenant, et il semble que cela ait toujours existé mais sous trois formes différentes, l'école Advaita (non-dualité), l'école Vasishta-Advaita (non-dualité mais avec une différence) et l'école Dvaita (dualisme), la dernière semble à peine avoir le droit de porter le nom de Védanta mais le porte néanmoins. L'école Advaita ou l'école de la non-dualité, principalement représentée par Samkara et ses fidèles, soutient qu'il n'y a et qu'il ne peut y avoir qu'une seule réalité, peu importe qu'on l'appelle Dieu, l'Infini ou l'Absolu, l'Inexplicable ou le Brahman et de cette façon, l'école suit les règles les plus strictes de la logique et tout ce qui est ou tout ce qui peut être, ne peut qu'être que le résultat de l'Absolu, bien que faussement imaginé, comme on nous le dit, pas l'Avidyâ* ou la nescience†. L'âme humaine, comme toute chose, est et ne peut être que le Brahman et L'Absolu bien que mal interprétée pour un temps par l'Avidyâ et la nescience. Le désir de chaque âme individuelle n'est pas, comme il est communément supposé, une approche vers ou une union avec le Brahman, mais simplement une évolution de ce qui a toujours été, un rétablissement et un souvenir de son être véritable, une reconnaissance du Brahman entier et indivisible comme la base éternelle de chaque âme individuelle apparente.

La seconde école, appelée Vasishta-Advaita, ou Advaita, non-dualité mais avec une différence, visait bien évidemment un public plus large, pour ceux qui ne pouvaient se résoudre à renier toute réalité au monde de l'incroyable et de la même manière, à toute individualité de leur propre âme. Il est difficile de déterminer laquelle de ces deux écoles est la plus ancienne et je suis forcé de reconnaître, après l'introduction brillante du Professeur Thibaut, que l'interprétation de la Vasishta-Advaita me semble être plus en adéquation avec les sutras de Bâdarâyana‡. Considéré comme un exemple d'athlétisme philosophique, l'école rigoureusement moniste ne peut que forcer notre admiration. Samkara ne fait aucune concession de quelque sorte que ce soit. Il commence et ne sépare jamais de sa conviction : tout ce qui est n'est qu'une et même chose en soi, sans variabilité ou l'ombre d'un changement. Ceci, ce qu'il appelle le Brahman, ne possède aucune qualité (visesha), pas même celle d'être et de penser, mais c'est et créé et pensé. À chaque tentative d'expliquer ou de définir le Brahman, Samkara n'a qu'une seule réponse : Non, non ! Lorsque la question est posée concernant la cause de ce qui ne peut être démenti, à savoir le monde complexe de l'incroyable, ou le monde comme il est reflété dans notre conscience, avec tous ses sujets individuels et tous ses choses individuelles, tout ce que Samkara daigne dire c'est qu'ils sont causés par l'Avidyâ et la nescience. C'est là-dedans que réside ce qui frappe l'esprit occidental comme le point vulnérable de la philosophie védantique de Samkara. Nous devrions nous sentir enclins à dire que même si cette Avidyâ, qui est la

---

* La première des causes de la chaîne de la souffrance.

† État de celui qui n'a pas de savoir.

‡ Philosophe indien qui écrivit les textes servant de base pour le Védanta.

cause de l'apparition du monde de l'incroyable, doit elle-même être causée par quelque chose et avoir une réalité ; mais Samkara ne le permet pas et répète encore et encore que, comme une illusion, la nescience n'est ni réelle ni irréelle mais est quelque chose du même ordre que notre propre ignorance lorsque, par exemple, nous imaginons que vous voyons un serpent alors que ce que nous voyons réellement est une corde, et pourtant, nous nous enfuyons, avec sériosité, comme s'il s'agissait d'un véritable cobra. Une fois cette nescience créative reconnue, tout le reste se déroule sans heurt. Le Brahman (ou l'Âtman), soutenu ou regardé par Avidyâ, semble être modifié en quelque chose d'incroyable. Les instruments de notre savoir, que ce soit nos sens ou notre esprit, voire notre corps dans son entièreté, devraient être considérés comme des défauts ou plutôt des entraves, des Upâdhis comme on les appelle, lesquels nous serions tentés de traduire par fardeaux. Et c'est ici que la difficulté émerge : les Upâdhis, ces organes trompeurs du savoir, sont-ils la cause ou le résultat d'Avidyâ Avec nous, ils en sont clairement la cause ; mais ne sont-ils pas également, comme toute chose que nous appelons créée, le résultat d'une Avidyâ universelle sans commencement, sans laquelle le Brahman n'aurait même jamais pu devenir incroyablement créatif C'est un point qui requiert davantage de considération. Dans son commentaire (p. 787 et p. 789), Samkara y fait une allusion mais à peine définie, nous lisons* : « L'omniscience et l'omnipotence de l'Âtman sont dissimulées par son union avec le corps, c'est-à-dire, son union avec le corps, les sens, Manas (l'esprit), Buddhi (la pensée), les objets et leur perception en tant que tel ». Et voici une comparaison : Comme le feu est doté de la chaleur et de la lumière mais les deux sont dissimulées lorsque le feu se retire dans les bois ou lorsqu'il est recouvert de cendres, de la même manière, à travers l'union de l'Être avec les Upâdhis tels que le corps, les sens etc., c'est-à-dire, avec les Upâdhis formés par Avidyâ à partir du Nâmarûpa, les noms et les formes, il émerge ainsi l'erreur de l'Âtman à ne pas être différent d'eux, et c'est ce qui cause la dissimulation de l'omniscience et de l'omnipotence de l'Âtman. C'est sous l'influence de cette Avidyâ que le Brahman adopte et reçoit les noms les formes (nâmarûpa) qui se rapproche visiblement du terme grec λόγοι (logos) ou les

* Deussen, *System of the Vedânta*, p115.

archétypes de toute chose. S'ensuit les éléments matériels objectifs qui constituent les corps animés et inanimés et même le monde objectif tout entier. Mais tout ceci est illusoire. En réalité, il n'y a pas de choses individuelles ni d'âmes individuelles (gîvas); elles ne semblent exister tant que la nescience prévaudra sur l'Âtman ou le Brahman.

Ekam advitîyam, Un sans Deux

Si vous demandez : « qu'est donc réel en toutes choses et en chaque âme », la réponse est Brahman, l'Un sans second, celui en dehors de qui il n'y aurait rien. Mais cette réponse ne peut être comprise que par ceux qui ont connu Avidyâ, et parce qu'ils l'ont connu, l'ont détruit. Certains croiraient que le monde est ceci ou cela, et qu'eux-mêmes sont ceci et cela. L'Homme pense être un Ego habitant un corps, capable de voir et d'entendre, de comprendre et de réfléchir, de raisonner puis d'agir ; tandis que du point de vue de la philosophie Vedântist, le vrai Soi se trouve profondément enfoui sous l'Ego — ou Aham — qui, lui, appartient au monde de l'illusion. En tant qu'Ego, l'Homme est déjà devenu acteur du monde dans lequel il vit, au lieu d'en rester un simple témoin. Il est ensuite transporté dans le Samsâra, le noyau du monde ; où il devient la créature ou l'esclave de ses actes passés (karman) et enchaîne les changements, jusqu'à ce qu'il découvre enfin le vrai Brahman — aussi appelé Âtman, Paramâtman, Soi ou le Plus Haut — qui est le seul à réellement exister. De bonnes actions peuvent être utiles pour développer un état d'esprit approprié à la réception de ces connaissances ; cependant, seule la connaissance permettra aux Hommes d'être sauvés et d'atteindre Mukti, la liberté, et non la réalisation de ces bonnes actions. Ce salut, cette liberté, prend tout son sens dans ces célèbres mots : Tat tvam asi, qui signifient "Tu n'es pas toi, mais Cela", c'est-à-dire Brahman.

Le monisme de Sankara peut nous paraître étrange — pourtant l'idée actuelle que Dieu créa le monde à partir de rien signifie, en soi, que rien d'autre que "rien" ne peut exister aux côtés de ce Dieu, que Dieu n'eut besoin de rien d'autre que de sa puissance pour créer le monde. Râmânuga, lui, est moins exigeant sur le sujet. Il est de l'avis de Samkara sur le fait qu'il ne puisse y avoir qu'une entité réelle, en l'occurrence Brahman, mais il envisage possible ce que Samkara nie vigoureusement : que Brahman possède des attributs. Son attribut principal, selon Râmânuga, est la pensée ou l'intelligence, mais il est également autorisé à posséder l'omnipotence, l'omniscience, l'amour, et d'autres qualités. Il est autorisé à posséder en lui-même certains pouvoirs (saktis), la capacité à reproduire, de façon à ce que les objets matériels et les âmes (gîvas) puissent être considérés comme de véritables modifications du vrai Brahman, et non pas seulement comme des phénomènes inexpliqués ou des illusions (mâyâ). Sous cette forme modifiée, Brahman est appelé Îsvara, le Seigneur, et son corps est supposément constitué des mondes pensants (kit) et non-pensants (akit). Il est ensuite appelé Antaryâmin, la maître intérieur, car les objets et âmes qu'il contrôle ont droit, dans leur individualité, à une réalité indépendante. Une réalité que, comme dit précédemment, Samkara réfute hardiment. Bien que Râmânuga soit également sceptique quant à notre idée de la création, il enseigne l'évolution, un processus selon lequel tout ce qui existe dans Brahman sous une forme subtile et invisible — soit dans son état sous-développé (pralaya) — devient visible, matériel, objectif et individuel dans ce monde phénoménal. Nos évolutionnistes auraient-ils pu espérer un meilleur ancêtre Leur phraséologie a beau être différente, leurs idées sont les mêmes. Râmânuga fait la distinction entre Brahman en tant que cause et Brahman en tant que conséquence, mais il explique en même temps que la cause et la conséquence sont toujours les mêmes — bien que ce que nous appelons "cause" peut varier en fonction du parinama, c'est-à-dire du développement, avant de devenir ce que nous appelons "conséquence". Plutôt que de soutenir, comme Samkara, que nous nous sommes trompés au sujet de Brahman et que nous sommes passés à côté de la vérité sous l'influence de la nescience (vivarta), Râmânuga soutient, lui, que Brahman change, que ce qui n'est que potentiel en lui au départ, devient réel et objectif par la suite. Une autre différence importante entre les deux points de vue est que, là où la principale croyance de Samkara consiste en la guérison de Brahman par le savoir seul, Râmânuga reconnaît le mérite d'accomplir des bonnes actions et pense qu'une âme pure peut ainsi progresser dans le monde de Brahman jusqu'à atteindre la félicité sans crainte de renaissance ou de transmigration. Pour lui, comme pour nous, l'âme est censée approcher du trône de Brahman, devenir comme Brahman, et aider à l'utilisation de tous ses pouvoirs, à l'exception de celui de créer. Ainsi, l'âme aide le monde phénoménal à évoluer, elle le gouverne, puis elle l'absorbe à nouveau le moment venu. En conclusion, non seulement Râmânuga autorise la notion d'individualité chez les âmes, mais également chez Îsvara, le Seigneur, notre Dieu personnel ; en revanche, Samkara considère que la notion de Dieu personnel est aussi illusoire que celle d'une âme personnelle — ces deux éléments ne devenant réels qu'une fois leur identité retrouvée.

Ce que Râmânuga représente ainsi comme la plus haute vérité et le but suprême à attendre par un homme à la recherche du salut, n'est pas tout à fait rejeté par Samkara. Samkara tolère donc cette idée, mais il la considère comme «connaissance inférieure», et le Brahman personnel comme un Brahman inférieur. Ce Brahman est appelé aparam (inférieur) et sagunam (qualifié) et, en tant que Dieu purement personnel, il est souvent vénéré par Râmânuga et ses nombreux disciples, même sous des noms plus populaires comme Vishnu ou Nârâyana. Avec Samkara, cet Îsvara ou Seigneur personnel serait conçu comme le pratika — soit seulement l'apparence extérieure, qu'on pourrait aussi appeler l'πρόσωπον de la Divinité — et son culte (upâsanâ), bien que jugé insuffisant, est toléré et même recommandé car utile dans la pratique. Les juifs et chrétiens ont, pour lui, une image de Dieu similaire — un pratika ou persona de la Divinité. Un culte. Dieu fait de Dieu ce pour quoi il est adoré (Ved. Sûtra III, 4, 52) et il peut conduire les pieux et vertueux au bonheur éternel. Mais seule la vraie connaissance peut conduire au salut éternel — en l'occurrence, découvrir Brahman, et ce, même dans cette vie (gîvan mukti), en étant libéré de karman et de toute autre transmigration après la mort, en fait, en étant libéré du principe de causalité. Il semble étrange que les disciples des deux écoles de Vedânta aient vécu aussi longtemps ensemble dans la paix et l'harmonie, alors que les points les plus essentiels de leur croyance diffèrent autant (que ce soit d'un point de vue philosophique ou religieux). Les disciples de Samkara n'accusent pas les disciples de Râmânuga d'avoir complètement tort (mithyâdarsana), mais de Nescience, ou, humainement parlant, d'inévitable Avidyâ. Comme nous l'avons vu, le monde phénoménal et les âmes individuelles ne sont pas considérés comme vides ou faux ; ils ont beau faire partie du phénoménal, ils ont tout de même leur réalité dans Brahman, si seulement nos yeux, par le retrait de Avidyâ, peuvent réussir à percevoir la vérité. Ce qui est phénoménal n'équivaut pas à rien, mais c'est toujours l'apparition de ce qui est et reste vrai, que nous l'appelons Brahman, Âtman, l'Absolu, l'Inconnaissable, ou, dans le langage kantian, *das Ding an sich*. Il est d'ailleurs reconnu, même par les monistes les plus strictes, que le monde phénoménal peut être traité comme étant réel à des fins pratiques (vyavahâra). Son existence ne serait pas envisageable (videri), à moins que son fondement ne se trouve dans Brahman. La seule énigme qui persiste est Avidyâ ou Nescience, souvent appelé Mâyâ ou illusion. Samkara lui-même ne confirme ou ne nie qu'il soit réel. Tout ce qu'il peut dire est qu'il est présent, et que le but de la philosophie Vedântique est d'anéantir cet Nescience par la science, de façon à prouver que Avidyâ n'est pas réel.

A première vue, cette philosophie Vedânta est sans aucun doute surprenante, mais après un certain temps elle devient familière et l'on s'attache à elle, au point que l'on se demande pourquoi elle n'a pas été découverte par les philosophes d'autres pays. Elle semble résoudre toutes les difficultés sauf une : celle de s'adapter à toutes les autres philosophies, ainsi qu'à tout type de religion qui ne se retranche pas derrière les remparts de la révélation et du miracle. La difficulté est d'en trouver une approche naturelle depuis la position que nous occupons dans l'étude des problèmes philosophiques et religieux. J'ai essayé auparavant d'ouvrir une de ses portes en me posant cette question : quelle est la cause de toutes choses La seule réponse possible est que cette cause doit être l'Un, sans second, parce que la simple présence d'un second limiterait et conditionnerait ce qui est destiné à être illimité et inconditionné. Concernant ce qui ne peut être mis en doute, à savoir les changements constants dans le monde qui nous entoure, nous avons vu que Avidyâ ou Nescience pouvaient justement expliquer cela — la variété de nos sensations. Il est cependant curieux que ce que les philosophes grecs appellent « logoï » — les pensées ou noms comme archétypes de toutes choses phénoménales — soient par Vedânta traités non pas comme les expressions de la sagesse divine ou de Sophia, mais comme Nâma-rûpa, le résultat de Nescience ou Avidyâ. Cette conception grecque, de toute évidence à l'opposé total de celle Vedânta, est néanmoins la même, simplement regardée d'un point de vue inférieur et supérieur. Nâma-rûpa (les noms et formes) et Logoï (les noms et ce qui est nommé) expriment la même idée, à savoir que, de la même façon que les mots sont des pensées verbalisées, la création est issue de pensées éternelles (que ces pensées soient celles de Brahman ou du Divin). Ou, selon une autre version, que le monde contrôle notre progression dialectique, de simples êtres aux plus hautes manifestations de la pensée. Tout cela rend les ressemblances entre philosophies Vedânta, Neo-Platonism et Chrétiens encore plus frappantes, mais il serait tout de même hasardeux de penser qu'une connexion historique puisse exister entre ces anciennes perceptions de l'univers rationnel. De peur d'être accusé d'avoir assimilé de trop près l'idée hindoue du monde à celle grecque de la conception du Logos, je joins ci-après une traduction littérale d'un passage du commentaire de Samkara (p. 96, 1). Il soutient que Brahman est pure intelligence, et quand son adversaire lui fait la remarque que l'intelligence n'est possible que s'il y a des objets de l'intelligence, il répond : «Tout comme le soleil brillerait même s'il n'avait rien à éclairer, Brahman serait l'intelligence même s'il n'il n'avait pas d'objets sur lesquels exercer cette intelligence. Un tel objet existe toutefois, et ce depuis avant même la création—à savoir, Nama-rûpa, les noms et formes—certes à un stade encore peu avancé, mais ne demandant qu'à se développer (avyâkrite, vyâkikîrshite) ; tels sont les mots du Veda vivant dans l'esprit du créateur avant même la création.» Platon n'aurait-il pas pu lui-même écrire ces mots

ΓΝῶΘΙ ΣΕΑΥΤΟΝ (Connais-toi toi-même)

Nous pouvons maintenant essayer de trouver une autre origine à la philosophie Vedânta, ce qui pourrait aider à mieux la comprendre et nous familiariser avec elle, de sorte qu'elle nous paraisse moins comme un étrange et curieux système, mais plutôt comme un système de pensée avec lequel nous pouvons sympathiser, et avec lequel, sous réserve de certaines modifications, nous pouvons rejoindre à nos propres fins. L'un des plus anciens commandements de la philosophie grecque était le fameux Γνῶθι σεαυτόν (connais-toi toi-même). Les philosophes hindous interviendraient ici pour

faire remarquer qu'il s'agit également de la croyance principale de leur philosophie, mais simplement qu'eux l'expriment plus en détails par Âtmânam
âtmanâ pasya (voir le Soi par le Soi). Mais comme tout vrai philosophe, ils
ne laisseraient passer aucun mot sans contester, et demanderaient ce que
"αὐτός" et le "Soi" signifient exactement. La philosophie Vedânta a été,
par le passé, qualifiée de philosophie de la négation, c'est-à-dire qui tente
d'arriver à la vérité par des refus répétés de ce qui ne peut être la vérité.
Il définit souvent sa vision des choses par : "Non, non, pas ceci, pas cela".
Tout d'abord, le Vedânta répondrait que l'αὐτός — ce que nous sommes,
le Soi — ne peut pas être un corps. Selon le sens propre du mot, le "corps"
n'est pas et n'a pas le droit d'être qualifié de "vivant", car tôt ou tard il cesse
d'exister et rien ne peut jamais vraiment cesser d'exister s'il est vraiment
vivant. Comme le corps n'est pas éternel, il n'est pas non plus réel. Par conséquent, si nous voulons savoir ce qui est vraiment réel, le corps (deha ou
sthûlasarîra) ne peut pas être le αὐτός.

   Mais en sachant que que tout ce que nous savons nous vient des cinq
sens (la vue, l'ouïe, le toucher, le goût et l'odorat) et que nous ne pouvons
pas aller au-delà de ces sens, que nous ne pouvons avoir que des images
sensuelles du monde et de nous-mêmes, que notre connaissance consiste
en premier lieu de ces images et non pas de la réalité — que nous pouvons
donc postuler sur cette réalité mais que nous ne pouvons jamais vraiment
l'atteindre, sauf par hypothèse — ne pourrait-on pas alors dire que nos
cinq sens sont notre αὐτός, notre Soi Le Vedântiste répond à nouveau :
Non, non. Nos sens sont en effet merveilleux, mais ils ne sont que les instruments de notre connaissance, ils font partie de notre corps, ils péris-
sent d'ailleurs avec le corps, et ne peuvent donc pas constituer notre Soi.
Outre les cinq sens que les hindous appellent "gñânendriyas" (les sens de
la connaissance), ils croient en l'existence de cinq autres sens qu'ils appellent "karmendriyas" (les sens de l'action), à savoir : parler, saisir, déplacer,
excréter et procréer. C'est une idée propre aux hindous, les cinq premiers
étant destinés à des actions de l'extérieur à l'intérieur (upalabdhi), les cinq
derniers à l'inverse (karman). Les images apportées par les sens, dont notre
connaissance dépend, sont ce que nous appelons des états de conscience
(ce ne sont pas notre Ego, et encore moins notre Soi). Elles vont et vien-

nent, naissent et disparaissent, et de ce fait, tout comme le corps, ne peuvent pas être appelées réelles ou éternelles. Dans toutes ces images, nous
pouvons distinguer un sujet ou un élément actif, ainsi qu'un objet ou un
élément passif. Ces éléments passifs ou objectifs sont ce que nous sommes
habitués à appeler la matière, et cette matière, perçue par les cinq sens, est
divisée en cinq catégories : l'éther (l'audition), la lumière (la vue), l'air (le
toucher), l'eau (le goût) et de la terre (l'odorat). C'est tout ce que nous pouvons légitimement dire à propos des cinq éléments. Ils sont pour nous des
états de conscience, ou vigñana. Mais si, pour nous, la matière élémentaire
existe (et peut exister en tant que connu ou sous forme de connaissances),
le Vedânta en revanche ne nie ni ne confirme son existence. Si les objets
de notre connaissance sensible sont les résultats de Avidyâ, les éléments
doivent également partager ce destin, et ne peuvent donc prétendre à plus
qu'une réalité phénoménale.

Cependant, comme il y a peu de sensation, voire même aucune, qui ne
corresponde qu'à un seul élément, chaque élément est donc censé représent-
er une qualité prépondérante et d'autres moins prononcées. Ce soi-disant Pañkîkarana ou quintuplement ne peut cependant pas être trouvé
dans l'ancienne Vedânta ; il appartient aux trouvailles, pas toujours considérées comme des améliorations d'ailleurs, arrivées plus tard dans le
temps — un temps auquel nous devons des œuvres telles que la très populaire Vedântasâra. Une autre conception des éléments, beaucoup plus primitive, se trouve dans les Upanishads (par exemple, the Khândogya Upanishad
VI, 2). On trouve généralement en Inde quatre éléments, ou bien cinq si
l'on considère l'âkâsa (l'éther) comme véhicule du son. La conception la
plus primitive des éléments qui constituent du monde, toutefois, semble
être la suivante : qu'il n'y avait que 3 éléments (ce qui est terrestre, ce qui est
de feu, et ce qui est liquide). Ces trois éléments ne pouvaient être négligés,
et cette triple division est effectivement trouvée dans le Khândogya, où les
trois éléments sont appelés Anna, Tegas et Ap. Tegas représente le feu, la
lumière, et la chaleur ; Ap, l'eau ; et enfin Anna, la terre. Il est vrai qu'Anna
est également le symbole de la nourriture, mais cela peut être pris ici dans
le sens de la terre comme productrice de nourriture. Le premier élément
est représenté en rouge, le seconde en blanc, le troisième en noir. Ces élé-

ments sont présents en trois proportions égales dans le corps humain, passant par trois formes de développement : l'élément terre se manifestant dans les matières fécales, la chair, et Manas ; l'élément aqueux dans l'urine, le sang et la vie ; et l'élément de feu dans les os, la moelle, et la parole. Il existe beaucoup de spéculations similaires, purement fantaisistes, dans les Upanishads. Cependant, tout cela ne doit pas nous empêcher d'envisager comme possible ce qui est simple, primitif et rationnel dans ces exemples de pensée antique. Mais si l'on demande : "se pourrait-il que ces sens passifs et actifs soient le Soi", le Vedântiste répondrait encore "Non, non ; ils ne sont pas ce que nous recherchons, ils ne peuvent pas être le αὐτός, qui doit être réel, immuable et éternel."

Si tout ce que nous avons dit précédemment est valable pour les dix sens, cela s'applique également à ce que l'on appelle parfois le onzième sens, le Manas (regroupant tout ce qui est considéré comme matériau et comme issu de l'élément terre). Le mot "Manas" est étymologiquement étroitement lié à "hommes" et il est donc généralement traduit par "esprit". Mais, si le terme peut être utilisé tel quel dans le langage ordinaire, il a un sens plus précis dans la philosophie Sanskrit. En effet, il désigne l'organe central et la combinaison des sens (perception et action). Ce Manas effectue ce que nous attribuons à la faculté d'attention (avadhâna) : il agit comme gardien, empêchant les sens de se précipiter dans la transmission des informations et, ainsi, de ne nous apporter que de la confusion. Il est facile de montrer que ce sens central tombe aussi sous le fameux "Non, non" du Vedântiste. Il ne peut pas être le Soi (qui doit être permanent et réel), il n'est qu'un instrument que l'on appelle antahkarana — l'organe interne. Nous voyons ici que cette même confusion existe ailleurs. Il y a une telle abondance de mots expliquant ce qui se passe en nous, notre antahkarana, les diverses manifestations de notre esprit, comme nous sommes gênés plutôt qu'aidés par cette richesse d'esprit. Le pire est que, bien plus tard, il a été supposé que chaque mot devait avoir une signification bien particulière ; et que, si ce n'était pas le cas, une définition formelle serait alors attribuée. En attendant, de nouvelles langues ne cessaient d'apparaitre, au mépris total de ces obstacles artificiels ; et pour chaque nouvelle philosophie qui voyait le jour, la confusion devenait de plus en plus grande. Il est facile de compren-

dre que si chaque langue peut nous donner des termes bien spécifiques
pour chaque manifestation de notre perception et de notre raisonnement,
il n'est pas possible de comparer ces termes d'un langage à un autre. Par
exemple, si nous traduisons "Âtman" par "âme", comme c'est le cas dans
la plupart des langues, nous associons un terme qui est exempt de toute
passion avec un autre qui est jugé comme étant le siège des passions. Et si,
comme beaucoup, nous traduisions "Manas" par "la compréhension" (ou
Verstand), nous associerons ce qui est censé être une faculté perceptive
et d'organisation avec un terme qui implique le raisonnement de la plus
basse à la plus haute forme. Pour nous, Verstand est ce qui distingue les
hommes des animaux, tandis que pour Vedânta, le Manas n'est refusé ni
aux animaux, ni aux plantes.

Il semblerait donc préférable de conserver autant que possible les termes
techniques de la philosophie Sanskrit, et d'employer les termes "Âtman" ou
"Soi", plutôt que "âme", et le terme "Manus" ou "esprit", au lieu de "compréhension" ou "Verstand".

Nous allons voir que la confusion est également grande en Sanskrit, les
termes étant très nombreux et parfois trop similaires pour qu'ils demeurent tous distincts les uns des autres. Par exemple, du côté des Indriyas
(ou "sens"), nous trouvons aussi les Prânas ("esprits vitaux") qui incluent
le Manas et, comme condition sine qua non, le Mukhya Prâna ("souffle
vital"), qui circule des poumons à la bouche et est très artificiel—pour
ne pas dire stupide. Le Manas est ensuite traité, comme les sens, comme
une partie du corps, étant considéré comme organe récepteur central et
clairvoyant. Mais il a de nombreuses fonctions, et les noms de certaines
d'entre elles sont interchangeables avec le Manas lui-même. Nous avons
Buddhi, la perception et l'activité mentale ; Kitta, la pensée ou ce qui est
pensé ; et Vignana, la discrimination. Ils sont parfois traités comme des
facultés distinctes. Samkara, par contre, montre sa puissance en les inclu-
ant tous sous Manas, de sorte que que Manas est parfois raison, parfois
compréhension, et parfois esprit ou pensée. Cela simplifie grandement sa
psychologie, même s'il est vrai que ça peut également conduire à des malen-
tendus. Manas nous donne des images (Vorstellungen) qui sont produites
par une combinaison des différents sens ; il nous dit ce qu'est chaque chose

que nous voyons (niskaya) et le répare (adhyavasâya). Les images sont transformées en concepts et en mots (samkalpa) ; ceux-ci peuvent être remis en cause (samsaya) et débattus (vikalpa) les uns contre les autres, de manière à ce que nous nous forgions un jugement. Nous devrions ensuite avoir, sous une forme grossière, les éléments de notre psychologie ; mais il faut savoir que ceux-ci n'ont jamais été minutieusement élaborés par les philosophes Vedânta. Même les significations ici attribuées aux différents termes psychologiques l'ont été d'un point de vue étymologiquement et non pas selon les définitions données par Samkara. Selon lui, tout nous vient de Manas : impressions, images, concepts et jugements, voire même la conscience de soi (Ahamkara), à savoir l'Ego. Par conséquent, le Manas est ce qui nous permet de distinguer sujets et objets. Demandons-nous à présent : « Les attributs de Manas, tels que Kâma (le désir), Dhî (la peur), Hrî (la honte), Dhî (la sagesse), Vikikitsâ (le doute), Sraddhâ (la croyance), Asraddhâ (l'ignorance), Dhriti (la décision), Adhriti (l'indécision), sont-ils le vrai Soi ». Le Vedântiste répondrait à nouveau « Non, non, ils sont temporels, ils sont composites, ils vont et viennent, ils ne peuvent pas être ce que nous cherchons : le Soi véritable et éternel ». Il est clair que lorsque nous parlons de corps, deux choses sont présupposées : d'abord, le corps lui-même, puis celui ou celle à qui il appartient. Donc lorsque nous parlons de sens, d'esprit et d'Ego, nous faisons la distinction entre le possesseur et ce qui est possédé. Mais nous ne devrions jamais employer le terme "mon Soi", car il sera tautologique, étant donné que le Soi ne peut appartenir à personne. Le terme "mon Soi" ne pourrait exister que dans le sens "mon Ego", mais si nous disons "notre Soi" (c'est-à-dire le Soi de tous), ou tout simplement "Soi", nous parlons en réalité de Brahman—le Brahman caché en chacun de nous et dans chaque chose. Au moment de la mort, les organes de la connaissance ne sont pas censés être totalement détruits. Comme une autre vie nous attend après, ils sont réduits à une simple forme séminale, et bien que les organes extérieurs se décomposent, leur potentiel reste intact. Ce potentiel demeurera dans ce que l'on appelle le Sûkshma-Sarîra, le corps subtil, qui migre de naissance en naissance et redevient un Sthûla-Sarîra à chaque fois, un corps matériel. Mais une fois la vraie liberté obtenue, cet Sûkshma-Sarîra disparaît également et ne reste qu'Âtman, ou Brahman. La forme prise par le corps dans chaque nouvelle vie est déterminée par les actes et les pensées des existences antérieures : la loi de causalité continue de s'appliquer.

Mais que reste-t-il alors pour les surds, pour Âtman Les sages grecs n'ont pas de réponse à apporter. Pour eux, le αὐτός représentait rarement plus que l'Ego, Ahamkâra ; tandis que pour Vedântist, il s'agit de quelque chose au-delà de l'Ego, quelque chose qui n'est pas affecté par la loi de causalité, qui ne souffre ou ne profite, mais sans lequel le corps (brute ou subtil) ne pourrait jamais exister. Ce Soi, le vrai αὐτός, se situe dans le lotus du cœur, dans la vraie conscience de soi ; c'est une entité non-personnelle, mais qui demeure dans l'Âtman, le Gîva, et restera à jamais un simple spectateur, inaccessible au toucher. Comme dit précédemment, la philosophie Vedânta est une philosophie de la négation, son mot d'ordre est "Non, non". Elle dit tout ce que le Soi n'est pas, mais ne peut pas le décrire réellement, que ce soit à l'aide de mots ou de pensées. Nos pensées et paroles en reviennent déroutées, comme le dit Veda. Il y a des passages dans les Upanishads où l'on peut trouver des tentatives pour mieux comprendre la conception du Soi (que nous l'appelions "Brahman" ou "Âtman"). Mais ces tentatives ne débouchent jamais sur une définition précise. Dans le Khândogya Upanishad III, 14, il est écrit : « Cet univers est, sans doute possible, Brahman. Il doit être adoré en silence, comme étant le début et la fin de tout. Sa matière est la pensée, la vie est son corps, la lumière est sa forme. Sa volonté est vérité, son Soi est l'infini (l'éther). Il fait tout fonctionner, il veut tout, flaire tout, goûte tout, embrassant l'Univers, silencieux et confiant. C'est le Soi dans son cœur le plus intérieur, plus petit qu'une graine de moutarde ou son noyau. C'est le Soi dans le cœur le plus intérieur, plus grand que la terre, plus grand que l'atmosphère, plus grand que le ciel, plus grand que n'importe quel monde. Celui qui peut tout faire, qui peut tout sentir, qui peut tout goûter, qui peut tout accepter, qui est prêt à tout ; celui qui est silencieux et confiant—c'est lui, le Soi dans son cœur le plus intérieur, c'est Brahman, celui que je dois devenir. Celui qui le possède le saura, il n'en doutera pas. »

C'est le même sujet, traité encore et encore. Nous le voyons, d'ailleurs, traité dans le Khândogya, de même que dans le Taittiriya Upanishad II,

1-7. Les revêtements sont enlevés, les uns après les autres, jusqu'à ce qu'il ne reste plus que le Soi dans sa forme la plus pure. D'abord la couche faite de chair et de sang est retirée, puis le souffle vital, puis le Mamas, et avec elle la pensée — jusqu'à ce qu'enfin seul le Soi demeure, plein de joie. On l'appelle alors la sève ou l'essence. C'est ce Soi qui apporte le bonheur, la paix et le repos dans l'invisible, l'immatériel, l'inexprimable et l'insondable. Tant que quelque chose d'autre chose demeurera caché quelque part, il n'y a pas de paix et de repos possible, peu importe la sagesse d'un homme. Ou, comme le dit Yâgñavalkya : « Celui qui sait cela, sait tout. » Chaque mot qui peut être imaginé pour exprimer ce qui est en réalité inexprimable, est attribué, dans les Upanishads, à Brahman. Brahman n'est ni long, ni court, ni subtil, ni brut ; il est sans forme physique, sans activité, sans mensonges, sans fraude, il n'est pas né, ne vieillit jamais, ne faiblit pas, ne meurt pas, ne craint rien : il est intérieur et extérieur. Qu'un tel être puisse posséder un genre est inenvisageable, car il n'est ni masculin, ni féminin ; il est simplement, sans avoir besoin d'être défini par un pronom.

On voit donc ainsi que les deux méthodes — la première qui part du postulat que le vrai Soi doit être l'Un, sans second ; et la deuxième qui soutient que le vrai Soi doit être immuable, éternel, sans commencement ni fin — arrivent au même résultat final. A savoir, que le Soi ne peut pas être perçu dans ce monde en mutation perpétuelle, et que notre Soi individuel, lui aussi, est une entité qui n'est pas changeante, née, en vie ou morte. Les deux peuvent, dans un sens, être qualifiés de "néant", mais ils sont en réalité, en comparaison de tout autre chose, la seule chose fondée. Si le monde est réel, le Soi ne l'est pas ; si le Soi est réel, le monde ne l'est pas.

Conclusion finale, Tat Tvamasi

Vient ensuite la conclusion finale, à savoir que ces deux Sois ne sont qu'une seule et même entité, mais atteints par des méthodes différentes. Dans le monde phénoménal, l'homme est homme, le monde est monde, les dieux sont dieux ; mais en réalité, tous sont la Divinité (Âtman ou Brahman), métamorphosés et dissimulés pour un temps par Avidyâ ou Nescience, mais toujours récupérables par Vidyâ ou par la philosophie Vedânta.

Sous une forme plus ou moins populaire, ces idées semblent envahir l'esprit hindou. Elles sont enseignées dans les écoles, mais semblent également l'être dès la naissance, via le lait maternel. Elles sont souvent exagérées et caricaturées de manière à devenir répulsives à un esprit européen, mais, dans leur pureté et leur simplicité, elles contiennent une quantité de vérité qui ne peut plus être négligée par les étudiants — d'un point de vue philosophique ou religieux. Le sujet ne peut plus être mis de côté ou abandonné car jugé trop mystique — surtout qu'aucune définition précise du mot "mystique" n'a été fournie, et que tout ce qui est appelé "mystique" ne peut avoir de rapport avec la religion ou la philosophie. Personne ne peut nier que de dangereuses conséquences soient envisageables, mais nous pourrions en dire autant de pratiquement toutes les autres religions et philosophies, si elles se trouvaient dans la même situation. J'ai déjà parlé du faux raisonnement — à savoir, que des bonnes actions ne peuvent amener au salut et que de mauvaises actions sont, en conséquences, tout aussi inoffensives. Selon Vedânta, ces bonnes actions ne conduisent pas directement au salut, mais elles représentent une première étape essentielle qui y mène ; tandis que les mauvaises actions, elles, forment une barrière qui empêche un homme de faire ne serait-ce qu'un premier pas dans sa progression vers la connaissance et la béatitude. Qu'un Saint ne puisse pas fauter a été jugé véridique, et pas seulement en Inde. Il est absolument nécessaire d'enseigner aux apôtres modernes de Ramakrishna que la moindre trace de laxisme moral — ou la justification d'un tel laxisme — serait susceptible d'abaisser leur maître et leur propre travail aux yeux des autres gens. C'est une chose de dire qu'un tel homme ne puisse pas pécher parce que ses passions sont contrôlables, mais c'en est une autre de dire que, s'il avait une déchéance de connaissance à cause de cette capacité, cela ne pourrait pas lui être imputé comme un péché. Je l'avoue, il y a quelques incertitudes sur ce point, même parmi les anciennes autorités ; mais nous savons encore trop peu des écrits Vedântiques pour affirmer quoi que ce soit à ce propos. Il y a trop de passages où la morale stricte est enjointe comme une condition sine qua non pour la liberté Vedântique — ce ne serait donc pas acceptable que quiconque utilise quelques passages douteux pour défendre l'immoralité. Lorsque nous avons appris tout ce qui peut être appris du Vedânta, il est temps de commencer à émettre un avis critique, et, si possible, d'aider à l'améliorer. Nous étudions les systèmes de Platon et Aristote, de Spinoza et Kant, non pas comme contenant la vérité absolue et parfaite, mais justement pour nous aider à la trouver. Chacun de leurs travaux contient des vérités partielles, qui pourraient être facilement reconnues comme conduisant à des conséquences dangereuses. Ce qui est nécessaire pour nous à l'heure actuelle, plus qu'à tout autre moment du passé, est une étude historique de toutes les philosophies — celles de l'Inde y compris — et de leur développement génétique ou dialectique. Ainsi, nous ne serons pas influencés par chaque brise philosophique qui s'annonce comme nouvelle, alors qu'elle a été discutée à plusieurs reprises auparavant, et, de façon beaucoup plus approfondie que par ses plus récents défenseurs. Il serait incroyable, de nos jours, que le public philosophique soit surpris par l'idée d'évolution comme nouveauté philosophique. Il en va d'ailleurs de même à propos du réel premier découvreur de ce qui a été discuté encore et encore au cours des deux mille dernières années. Qu'est parinâma, sinon l'évolution — l'évolution préconisée par Râmânuga, mais rejetée par Samkara. Et si l'on affirmait que l'illustration de ce processus évolutif du monde, dans notre temps, se tient incomparablement plus haut que toute tentative faite par Râmânuga jusqu'à Herder — qui nierait Mais aux yeux d'un historien de la philosophie, l'idée est une chose, son illustration en est une toute autre. Il est injuste de qualifié un homme comme Darwin, qui était un observateur éminent, de philosophe abstrait — un terme qu'il aurait lui-même fortement dépréciée.

À l'heure actuelle, cependant, je ne suis pas concerné par la philosophie indienne en elle-même, mais plutôt par l'un de ses représentants récents, Ramakrishna, et ses effets sur l'esprit populaire en Inde. Il fait une très claire distinction entre la philosophie (ou "Gnana", la connaissance) et la dévotion (ou "Bhakti"). Il était un Bhakta*, un adorateur de la divinité, bien plus

---

* Cette différence entre Bhakti (la dévotion) et Gñâna (la connaissance) est entièrement traitée par Kishori Lal Sarkar dans son intéressant petit livre *The Hindu System of Religious Science and Art*, ou également dans les *Revelations of Rationalism and Emotionalism, Calcutta*, 1898. L'auteur y écrit : « Gñâna voit à travers un télescope, Bhakti avec un œil microscopique. Gñâna perçoit l'essence, Bhakti sent la douceur. Gñâna découvre l'Intelligence Suprême, et Bhakti la Volonté

qu'un Gñâni (ou "connaisseur"). Maintenant que vous connaissez le passé de Ramakrishna, ainsi que les lumières et les ombres de l'atmosphère dans laquelle il évolue, je pense utile d'ajouter une courte esquisse de pensées Vedântiques. Râmakrishna n'était en aucun sens du mot un penseur original, le découvreur d'une nouvelle idée, ou le fondateur d'une toute nouvelle vision du monde. Mais il a vu beaucoup de choses que d'autres n'ont pas vues, il a trouvé la Présence Divine là où personne n'avait suspecté, il était un poète, un passionné, ou, si vous préférez, un rêveur. Mais ces rêves, eux aussi, ont le droit d'exister et de captiver notre attention et notre sympathie. Râmakrishna n'a jamais écrit de traité philosophique, il a simplement transmis de courts énoncés que les gens venaient les écouter — et ce, que l'orateur ait été en pleine possession de ses facultés, dans un rêve, ou dans un état de transe. De tout ce que nous avons pu apprendre, il est clair qu'il était arrivé, de par un contrôle puissant de son souffle et des exercices ascétiques réguliers, à un tel degré d'excitabilité nerveuse qu'il pouvait à tout moment s'évanouir ou tomber dans un état d'inconscience (appelé le Samâdhi). Ce Samâdhi peut être étudié, mais sous deux points de vue seulement — soit comme purement physique, soit comme purement psychique. Un homme peut se remettre d'un Samâdhi ordinaire, de la même façon que l'on se remet d'un simple évanouissement ; mais un véritable Samâdhi consiste à se perdre ou se trouver entièrement dans l'Esprit Suprême. Une fois ce Samâdhi atteint, il n'y a pas de retour possible, étant donné qu'il ne reste plus rien. Les quelques hommes seulement qui l'ont atteint ne sont pas en mesure de revenir grâce à leur Ego, et ont exaucé leur souhait de devenir les instructeurs et les sauveurs de l'humanité. Quelque chose qui illustre bien Samâdhi est l'état de sommeil profond au cours duquel l'âme est censée être auprès de Brahman, mais en mesure de revenir. Ce profond et inconscient sommeil est l'un des quatre états : l'éveil, le sommeil accompagné de rêves, celui sans rêve, et la mort. Avec Ramakrishna, il arrivait souvent qu'il reste dans ce sommeil profond si longtemps que ses amis avaient peur qu'il ne redevienne jamais conscient, et qu'il était donc plutôt dans un état de mort que de sommeil. Il était tombé dans une transe dont il ne s'est jamais réveillé, mais la mort ne pouvait se saisir que

Aimante. »

de son corps et de sa respiration. Son Soi, qui ne lui appartenait plus, avait retrouvé son état de Brahma, il était devenu ce qu'il avait toujours été et ce qu'il sera toujours : l'Âtman, le Soi suprême, dans toute sa gloire, libéré de tout nuage, indépendant de l'individualité et de la personnalité, et du monde phénoménal en général.

LES PROVERBES DE RÂMAKRISHNA

Les Proverbes de Râmakrishna

Les Proverbes de Râmakrishna : 1 — 99

1. Tu vois beaucoup d'étoiles dans la nuit, mais ne parviens plus à les trouver une fois le soleil levé. Mais ne peux-tu pas pour autant dire qu'il n'y ait pas d'étoiles en journée Alors, ô homme, simplement parce que tu ne vois pas le Tout-Puissant dans les jours de ton ignorance, cela ne veut pas dire qu'il n'existe pas.

2. Tout comme un seul et même matériau, à savoir l'eau, est appelée par des noms différents selon les personnes—l'un l'appelant « eau », un autre « vâri », un autre encore « aqua », et un dernier « pani »—le Sat-Chit-Ânanda, le Eternel-Intelligence-Extase, lui aussi, est invoqué sous divers noms : par certains comme « Dieu », par certains comme « Allah », par d'autres comme « Hari », et par d'autres encore comme « Brahman ».

3. Deux personnes débattaient vivement quant à la couleur d'un caméléon. L'un dit : « Le caméléon sur ce palmier est d'une belle couleur rouge ». L'autre, le contredisant, répondit : « Vous vous trompez, le caméléon n'est pas rouge, mais bleu ». N'étant pas en mesure d'apporter une réponse à la question, ils allèrent voir la personne qui avait toujours vécu sous cet arbre et avait déjà vu le caméléon sous toutes ses couleurs. L'un d'eux l'interpella : « Monsieur, le caméléon sur cet arbre, n'est-il pas rouge », à quoi l'inconnu répondit : « En effet, monsieur. ». L'autre dit alors : « Que dites-vous Comment cela est-il possible Il n'est pas rouge, mais bleu. ». L'inconnu répondit encore humblement : « En effet, monsieur. » L'inconnu savait que le caméléon est un animal qui change constamment de couleur, voilà pourquoi il avait répondu « oui » aux deux déclarations contradictoires. Le Sat-Chit-Ânanda a également diverses formes. Le disciple qui a vu Dieu sous un seul aspect, le connaît dans cet aspect seul. Mais celui

qui l'a vu sous ses multiples aspects, lui seul est en mesure de dire : « Toutes ces formes ne représentent en réalité qu'un seul Dieu, car Dieu est multiforme. » Il a des formes et il n'en a pas, et beaucoup sont des formes que personne ne connaît.

4. Nombreux sont les noms de Dieu, et infinies sont les formes sous lesquelles nous Le connaissons. Qu'importe la dénomination ou la forme que vous lui attribuez, c'est sous cette forme et ce nom que vous le verrez.

5. Quatre hommes aveugles sont allés voir un éléphant. L'un toucha la jambe de l'éléphant, et dit : « L'éléphant est comme un pilier. » Le second toucha la trompe, et dit : « L'éléphant est comme un gros bâton. » Le troisième toucha le ventre, et dit : « L'éléphant est comme un grand bocal. » Le quatrième toucha les oreilles, et dit : « L'éléphant est comme un panier de vannage. » Ils commencèrent alors à discuter entre eux des représentations de l'animal. Un passant, en les voyant ainsi se quereller, dit : « Pourquoi vous disputez-vous donc ». Ils lui dirent tout et lui demandèrent d'arbitrer le débat. L'homme répondit : « Aucun d'entre vous n'a vu l'éléphant. L'éléphant n'est pas un pilier, ses jambes sont des piliers. Il ne ressemble pas à une embarcation, son ventre est une embarcation. Il ne ressemble pas à un panier de vannage, ses oreilles sont un panier de vannage. Il ne ressemble pas à un gros bâton, mais sa trompe oui. L'éléphant, lui, est une combinaison de tout ce que vous venez de nommer. » Ces querelles ne sont déclenchées que par ceux qui n'ont vu qu'un seul aspect de la Divinité.

6. Un même sucre peut être transformé en diverses figures d'oiseaux et d'animaux, de sorte que la douce Mère Divine soit adorée dans divers climats et âges, sous divers noms et formes. Chaque différente croyance n'est rien d'autre qu'un chemin différent pour atteindre le Tout-Puissant.

7. Tout comme d'un lingot d'or peuvent être créés divers ornements (ayant différents noms et formes), un seul et même Dieu est adoré dans différents pays et âges, sous différentes formes et noms. Bien qu'Il puisse être adoré de diverses manières — certains préférant l'appeler « Père », d'autres « Mère »,

etc.—il n'y a qu'un seul Dieu, adoré sous plusieurs relations et modes.

8. Considérons la question suivante : Si le Dieu de toutes les religions est le même, comment se fait-il qu'Il soit dépeint différemment par différents hommes religieux La réponse est la suivante : Dieu est unique, mais ses aspects sont multiples. Tout comme un homme de famille peut être père, frère et mari, et est connu sous ces différents noms par différentes personnes ; un seul Dieu est décrit et nommé de différentes manières, en fonction de l'aspect particulier dans lequel Il apparaît à chaque adorateur.

9. Dans une boutique de potier, il y a des poteries de différentes formes — des pots, bocaux, plats, assiettes, etc.— mais tous sont nés d'une seule argile. Donc Dieu est unique, mais adoré dans différents âges et il est connu sous différents noms et aspects.

10. Dieu est unique, mais ses aspects sont nombreux. Un seul et même poisson peut être cuisiné de façon à avoir des goûts différents, selon les modes de préparation. Dieu, également, peut être apprécié de diverses manières (à savoir, sous ses différents aspects) par Ses disciples.

11. L'Homme est comme une taie d'oreiller. Ceux-ci peuvent être rouges, bleus ou noirs ; mais tous contiennent le même coton. Il en est de même pour l'Homme — l'un est beau, l'autre est noir, un troisième est saint, un quatrième est cruel ; mais le Divin réside en chacun d'eux.

12. Toutes les eaux sont couvées par Nârâyana, mais pourtant toutes ne sont pas potables. De la même manière, bien que le Tout-Puissant soit présent partout dans le Monde, certains endroits de notre planète ne sont pas aptes à accueillir des Hommes. Tout comme une eau peut être utilisée pour se laver, une autre pour des rituels de purification, d'autres encore pour se désaltérer, et d'autres au contraire ne doivent pas être touchées du tout ; il y a sur Terre différents types de lieux. Nous pouvons approcher certains, entrer dans d'autres, et certains sont à éviter absolument.

13. Il est vrai que Dieu est présent jusque dans le tigre, mais il ne faut pas pour autant tenter de faire face à l'animal. Même si Dieu demeure jusque dans les plus cruels d'entre nous, nous ne devons pas pour autant nous associer à cette cruauté.

14. Il doit être entendu que la manifestation de la Divinité soit plus grande chez ceux qui sont honorés, respectés, et obéis par un large groupe ; que chez ceux qui n'ont pas acquis une telle influence.

15. Le Maître a dit : « Tout ce qui existe est Dieu ». L'élève ne l'a pas compris symboliquement, mais littéralement. Alors qu'il traversait une rue, il croisa un éléphant. Le Mâhut cria d'en haut : « Ecartez-vous ! Ecartez-vous ! ». Dans son esprit, l'élève raisonna : « Pourquoi devrais-je m'écarter Je suis Dieu, et l'éléphant aussi est Dieu. Pourquoi Dieu aurait-il peur de lui-même ». Ce faisant, il ne s'écarta pas. L'éléphant le saisit alors par la trompe, et le jeta sur le côté. Gravement blessé et de retour auprès de son Maître, il lui raconta son aventure. Le Maître répondit : « D'accord, tu es Dieu. L'éléphant est aussi Dieu. Mais Dieu présent dans le Mâhut t'a mis en garde. Pourquoi n'as-tu pas prêté attention à ses avertissements »

18. Dieu, son écriture sainte (le Bhâgavata) et ses fidèles sont tous à considérer comme une seule entité, à pied d'égalité.

17. Chaque être est Nârâyana. Homme ou animal, sage ou fourbe, qu'importe — l'Univers entier est Nârâyana, l'Esprit Suprême.

18. Comme beaucoup ont juste entendu parler de la neige sans la voir, beaucoup de prédicateurs ont lu des livres sur les attributs de Dieu mais n'ont jamais appliqué ceux-ci dans leur vie. Et comme beaucoup ont peut-être vu la neige mais sans la goûter, beaucoup de maîtres religieux n'ont obtenu qu'un aperçu de la Gloire Divine, sans en comprendre sa véritable essence. Seul celui qui a goûté la neige peut en parler. Celui qui a connu la société de Dieu sous différents aspects — comme un esclave, comme un ami, comme un amant, ou comme un fidèle — lui seul peut dire quels sont les attributs de Dieu.

19. Tout comme la lampe ne peut brûler sans huile, l'Homme ne peut vivre sans Dieu.

20. Le corps humain est comme une marmite, et l'esprit et les sens comme l'eau et les aliments. Placez la marmite remplie de ces aliments sur le feu; elle sera tellement chaude qu'elle brûlera vos doigts lorsque vous la toucherez. Mais la chaleur ne vient pas de la marmite, ou de ce qu'elle contient—elle est produite par le feu. Il en est de même pour le feu de Brahman en chaque Homme: c'est lui qui permet à l'esprit et aux sens d'exercer leurs fonctions mais, quand ce feu s'éteint, les sens ou organes, eux aussi, s'arrêtent.

21. Dieu dit: «Je suis le serpent qui mord et le charmeur qui guérit; Je suis le juge qui condamne et le bourreau qui exécute.»

22. Dieu dit au voleur d'aller voler, et, en même temps, met en garde le chef de famille de la venue du voleur.

23. Comment le Seigneur demeure-t-il dans un corps Il habite le corps tel le bouchon d'une seringue: c'est-à-dire qu'il est dans ce corps, et pourtant en dehors de lui.

24. Le Seigneur peut faire passer un éléphant à travers le chas d'une aiguille. Il peut faire tout ce que bon Lui semble.

25. Comme les poissons jouant dans un étang recouvert de roseaux et d'écume ne peuvent pas être vus depuis la berge, Dieu est présent dans le cœur d'un homme, mais dissimulé de la vue humaine par Mâyâ.

26. Un homme, assis dans l'ombre du Kalpa-vriksha (arbre à souhait), voulait être roi et, en un instant, il fut roi. L'instant d'après, il voulait avoir une charmante demoiselle, et la demoiselle apparut instantanément à ses côtés. L'homme a ensuite pensé: "si un tigre venait et me dévorait....", et hélas! En un instant, il se retrouva dans la mâchoire d'un tigre! Dieu est

semblable à l'arbre à souhait : quiconque qui se penserait démunis et pauvre en Sa présence, le restera. Mais celui qui estime que le Seigneur remplit tous ses besoins, reçoit tout de Lui.

27. Un propriétaire peut être très riche, mais quand un pauvre cultivateur lui apporte un humble présent avec un cœur aimant, il l'accepte avec grand plaisir et satisfaction.

28. Lorsqu'une cloche est sonnée, les "ding-dong" répétés peuvent être distingués l'un de l'autre, mais quand elle s'arrête de sonner, seul un seul son indiscernable reste audible. Nous pouvons facilement distinguer une note de l'autre, comme si chacune avait une certaine forme ; en revanche, le son ininterrompu qui remplace les ding-dong est indiscernable, comme informe. Tout comme le son de la cloche, Dieu est à la fois avec et sans forme.

29. Un garçon apprend à écrire en gribouillant sur des feuilles de papier, avant qu'il ne puisse acquérir la totale maîtrise de sa petite main. De même, nous devons apprendre la concentration d'esprit en nous focalisant d'abord sur des formes, et quand nous avons atteint notre but, nous pouvons facilement appliquer cette concentration sur l'informe.

30. Comme un tireur d'élite apprend à tirer en prenant d'abord pour objectif de gros objets, de façon à affiner ses tirs et sa précision, avant de viser les petites marques sur la cible. L'esprit, ainsi formé pour se concentrer sur des images possédant une forme, arrive facilement à s'adapter à des images sans forme.

31. Dieu est l'Absolu et Eternel Brahman, ainsi que le Père de l'Univers. Le Brahman indivisible est comme un vaste océan sans rivages, sans bornes ou limites, dans lequel je ne peux que lutter et me noyer. Mais quand j'aborde la divinité toujours sportive (active) et personnelle Deity (Hari), je trouve la paix, comme l'homme qui se noie à l'approche du rivage.

32. Dieu n'a pas de forme, mais en possède une aussi — il est la forme et

l'informe. Lui seul peut dire ce qu'Il est.

33. A un certain stade de tout chemin vers la dévotion, le disciple trouve satisfaction en Dieu avec forme; puis à un autre stade, en Dieu sans forme.

34. Dieu sous une forme est visible—nous pouvons Le toucher, face à face, comme on toucherait son ami le plus cher.

35. De la même manière que je suis parfois vêtu et parfois nu, Brahman est parfois représenté avec ses attributs et parfois sans.

38. L'eau, une fois congelée, devient glace. De même, la forme visible du Tout-Puissant est la manifestation matérialisée du sans-forme Brahman. Il peut d'ailleurs être appelé Sat-Chit-Ânanda solidifié. Comme la glace, partie intégrante de l'eau, reste dans l'eau pendant un certain temps avant de fondre en elle; le Dieu Personnel est partie intégrant de l'Impersonnel. Il se détache de l'Impersonnel, reste là, puis finalement fusionne en lui et disparaît.

37. Son nom est intelligence, Sa demeure est intelligence, et Lui, le Seigneur, est l'intelligence incarnée.

38. Deux sont les occasions où le Seigneur sourit. D'abord, lorsque les frères suppriment les chaînes qui cloisonnent les biens familiaux, en disant : «Ceci est à moi et ceci est à toi». Deuxièmement, lorsque le patient est sur le point de mourir et que le médecin dit : «Je vais le guérir.».

39. Lunatiques, ivrognes, et enfants énoncent parfois la vérité inconsciemment—comme inspirés par le Ciel.

40. Le soleil est beaucoup plus grand que la terre, mais en raison de son éloignement, il apparaît comme un petit disque. De même, le Seigneur est infiniment grand, mais car nous sommes loin de Lui, nous ne parvenons pas à comprendre sa vraie grandeur.

41. Sciemment ou involontairement, consciemment ou inconsciemment, quel que soit l'état dans lequel nous prononçons Son nom, nous acquérons le mérite de le prononcer. Un homme qui va volontairement dans une rivière et s'y baigne obtient le bénéfice du bain; il en va de même pour celui qui a été poussé dans cette rivière par un autre, ou qui, alors qu'il dormait profondément, s'est vu jeté de l'eau dessus par un autre.

42. Satan ne pénètre jamais une maison dans laquelle sont chantées les louanges de Hari.

43. Un roi ayant commis le crime impardonnable d'avoir tué un Brâhmana, est allé à l'ermitage d'un sage pour savoir quelle pénitence il devait effectuer afin d'être purifié. Le sage était absent de la maison, mais son fils était là. Celui-ci, se saisissant de l'affaire, dit: «Répéter le nom de Dieu (Râma) trois fois et votre péché sera expié.». Lorsque le sage revint et entendit la pénitence prescrite par son fils, il lui dit avec colère: «De tels péchés sont purgés en prononçant le nom du Tout-Puissant une seule fois; grande doit être la faiblesse de ta foi, ô fils, pour que tu aies ordonné de le répéter trois fois! Pour payer cette offense, tu dois devenir un Kândâla.» Et le fils devint le Guhaka Kândâla du Râmâyana.

44. Consciemment ou inconsciemment, de quelque manière que ce soit, lorsque l'on tombe dans l'auge de nectar, on devient immortel. De même, quiconque prononce le nom de la Divinité; volontairement ou involontairement, gagne alors l'immortalité.

45. Comme un grand et puissant navire se déplace rapidement sur les eaux, remorquant dans son sillage radeaux et barques; lorsqu'un Sauveur descend parmi nous, Il transporte facilement des milliers à travers l'océan de Mâyâ (illusion).

46. Lorsqu'un déluge survient, il fait déborder rivières et cours d'eau, et recouvre d'eau toute surface adjacente. Mais cette eau s'en va ensuite via des canaux. Lorsque le Sauveur devient incarné, tous sont sauvés par Sa

grâce. Les Siddhas (ceux qui sont parfaits) ne se sauvent qu'avec beaucoup de douleur et de pénitence.

47. Quand un puissant radeau de bois navigue sur les flots, il peut transporter une centaine d'hommes sans couler. Un roseau flottant sur les mêmes flots peut couler, sous le poids d'un simple corbeau qui se poserait sur lui. Alors, lorsqu'un Sauveur devient incarné, innombrables sont les hommes qui trouvent le salut en se réfugiant sous Lui. Le Siddha ne se sauve qu'à travers beaucoup de peine et de troubles.

48. Le moteur d'une locomotive atteint la destination demandée de lui-même, en emmenant avec lui de longs wagons remplis de passagers. Les Sauveurs agissent de la même manière. Ils portent des multitudes d'hommes, lourdement chargés des soucis et des peines du monde, jusqu'aux pieds du Tout-Puissant.

48. Lorsque Bhagavân Srî Râmakandra est venu au monde, seuls sept sages pouvaient le reconnaître comme étant l'incarnation de Dieu. De même, quand Dieu est descendu parmi nous, seuls quelques-uns ont reconnu Sa nature divine.

50. Sur l'arbre de Sat-Chit-Ânanda, il existe d'innombrables Râmas, Krishnas, Christs, etc.; un ou deux descendent dans ce monde à l'occasion, et sont à l'origine de changements et de grandes révolutions.

51. Le Avatâra, ou Sauveur, est le messager de Dieu. Il est comme le vice-roi d'un puissant monarque. S'il y a une perturbation dans une province lointaine, le monarque envoie son vice-roi pour s'en occuper; de la même façon, lorsqu'il y a un déclin de religion dans une partie du monde, Dieu y envoie son Avatâra.

52. Une seul et même Avatâra, après avoir plongé dans l'océan de la vie, se dresse en un endroit et est connu comme Krishna. Puis, après avoir plongé de nouveau et être apparu dans un autre endroit, il est connu comme le Christ.

53. Durant certaines saisons, l'eau est extraite des profondeurs des puits avec une grande difficulté ; mais quand le pays est inondé pendant la saison des pluies, l'eau est obtenue avec facilité, où que ce soit. Dieu, lui aussi, est habituellement atteint avec peine, après maintes prières et pénitences ; mais quand Son incarnation descend parmi nous, nous Le voyons partout.

54. Un Siddha-purusha (un parfait) est comme un archéologue qui enlève la poussière et ouvre un vieux puits, couvert au cours des âges car non-utilisé. Le Avatâra, d'autre part, est comme un talentueux ingénieur qui coule un nouveau puits dans un endroit où il n'y avait pas d'eau avant. Les grands hommes ne peuvent donner le salut qu'à ceux qui ont déjà les eaux de la piété et de la bonté cachées en eux ; mais le Sauveur, lui, sauve également ceux dont le cœur est dépourvu de tout amour, sec comme un désert.

55. Ne croyez pas que Râma, Sitâ, Srî Krishna, Râdhâ, Arguna, et tous les autres, ne sont pas des personnages historiques, mais de simples allégories, ou que les écritures saintes n'ont qu'une signification intérieure et ésotérique. Au contraire, ils étaient des êtres humains, faits de chair et de sang, comme nous tous — mais parce qu'ils étaient des Divinités, leurs vies peuvent être étudiées à la fois historiquement et spirituellement.

56. Personne n'a conscience de l'immensité du sacrifice de la Divinité lorsqu'elle se réincarne ou devient chair.

57. Les Sauveurs sont à Brahman ce que les vagues sont à l'océan.

58. Quel est l'état qu'atteint un Siddha (Un homme parfait et des aliments bien cuits sont, l'un comme l'autre, appelés "siddha". Il y a un jeu de mots ici.) La pomme de terre ou l'aubergine, quand bouillies correctement (siddha), deviennent douces et tendres ; de même, lorsqu'un homme atteint la perfection (Siddha), il devient humilité et tendresse.

59. Cinq sont les différents types de Siddhas que l'on peut trouver dans ce monde :

1. Les Svapna Siddhas, qui atteignent la perfection en se donnant
    les moyens d'atteindre leurs rêves.

2. Les Mantra Siddhas, qui atteignent la perfection au moyen d'un
    mantra sacré.

3. Les Hathat Siddhas, qui atteignent la perfection soudainement.
    Comme un homme pauvre peut soudainement devenir riche en
    trouvant un trésor caché, ou en se mariant à une héritière, com-
    me des pécheurs deviennent tout à coup purs, et entrent dans le
    Royaume des Cieux.

4. Les Kripâ Siddhas sont ceux qui atteignent la perfection par la
    grâce tangible du Tout-Puissant, comme un pauvre homme devi-
    ent riche par la gentillesse d'un roi.

5. Les Nitya Siddhas sont ceux qui sont en tout point parfaits. Comme
    une gourde ou une citrouille apportent d'abord des fruits, puis leurs
    fleurs ; le Nitya Siddha est né Siddha, et tous ses efforts pour at-
    teindre la perfection ne sont effectués que pour donner exemples
    à l'humanité.

60. Il existe une espèce d'oiseaux légendaires appelés « Homâ », qui vivent
si haut dans les cieux, et aiment tendrement ces régions, que jamais ils ne
daignent venir vers le sol. Même leurs œufs — qui, lorsqu'ils sont pondus
dans le ciel et commencent à tomber, attirés par la gravité — écloraient
au milieu de leur descente. Les oisillons découvrent ainsi qu'ils sont en
chute libre, et doivent changer immédiatement leur direction. Ils commencent alors à voler vers leur maison, guidés par l'instinct. Des hommes
tels que Suka Deva, Nârada, Jésus, Samkarâkârya et bien d'autres, sont
comme ces oiseaux qui, alors qu'ils ne sont que des enfants, abandonnent
tout attachement aux choses de ce monde et partent pour les régions de
la Vraie Connaissance et la Lumière Divine. Ces hommes sont appelés
Nitya Siddhas.

61. Les sages divins forment, pour ainsi dire, le cercle intérieur, rassemblant les parents les plus proches de Dieu. Ils sont comme des amis, des compagnons, des frères de Dieu. Les êtres ordinaires, eux, forment le cercle extérieur, ou sont les créatures de Dieu.

62. Lorsque la coquille d'une noix de coco ordinaire est percée, le clou pénètre dans le cœur de celle-ci. Mais si le fruit est sec, alors le cœur est séparé de la coque et lorsque cette dernière est percée, le cœur ne sera pas touché. Jésus était comme la noix de coco sèche : son âme était séparée de son enveloppe corporelle et, par conséquent, les souffrances administrées à son corps ne l'affectaient aucunement.

63. Un jour, un saint homme, en passant dans une rue bondée, marcha accidentellement sur l'orteille d'une personne cruelle. L'homme en question, furieux, battit le Sâdhu sans aucune pitié, jusqu'à ce qu'il perde connaissance. Ses disciples, affectés, tentèrent diverses mesures pour le réveiller. Quand ils virent qu'il avait un peu récupéré, l'un d'eux demanda : « Monsieur, reconnaissez-vous ceux qui prennent soin de vous ». Le Sâdhu répondit : « Celui qui m'a battu ». Un vrai Sâdhu ne fait aucune distinction entre un ami et un ennemi.

64. Le cygne peut séparer le lait de l'eau : il ne boit que le lait, laissant l'eau intacte. D'autres oiseaux sont incapables d'une telle chose. Similairement, Dieu est intimement mêlé à Mâyâ ; et les hommes ordinaires sont incapables de le voir séparément de Mâyâ. Seul le Paramahamsa (la grande âme — ici, un jeu de mots sur « hamsa », qui signifie à la fois l'âme et le cygne) met de côté Mâyâ, et considère seulement Dieu.

65. Le vent transporte l'odeur du bois de santal de la même façon qu'elle transporte celle des ordures, mais ne se mélange à aucun des deux. De même, un homme parfait vit dans le monde, mais ne se mélange pas à lui.

66. Un homme parfait est comme une feuille de lotus sur l'eau, ou comme un poisson dans un marais : ils ne sont pas pollués par l'élément dans

lequel ils vivent.

67. L'eau passe sous un pont, mais jamais ne stagne. L'argent, de même, passe entre les mains de 'The Free', mais n'est pas amassé.

68. Comme une corde brûlée conserve sa forme, mais est devenue cendres, de sorte que rien ne peut plus être lié avec elle ; un homme émancipé conserve la forme de son égoïsme, mais pas de sa vanité (Ahamkâra).

69. Comme un oiseau aquatique (tel un pélican) peut plonger dans l'eau sans que celle-ci ne mouille son plumage, l'homme parfait vit dans le monde sans que celui-ci ne le touche.

70. Lorsque la tête d'une chèvre est séparée de son corps, le tronc continue de se déplace pendant un certain temps, montrant encore des signes de vie. De même, si le Ahamkâra (la vanité ou l'égoïsme) est décapité d'un homme parfait, la vitalité est suffisante pour que le corps continue d'exercer ses fonctions physiques un moment—cependant, elle ne suffit pas à ramener parmi les vivants.

71. Des ornements ne peuvent pas être faits d'or pur. Un certain alliage doit être mélangé avec. Un homme totalement dépourvu de Mâyâ ne survivra pas plus de vingt et un jours. Tant qu'un homme possède un corps, il doit avoir une certaine part de Mâyâ en lui (aussi petit soit-elle), pour que son organisme puisse exercer ses fonctions.

72. Durant un jeu de cache-cache, si un joueur réussit à toucher une fois un non-joueur, appelé le "grand-dame" (Boorî), il a plus de chances de ne pas devenir un voleur. De même, en voyant une fois le Tout-Puissant, un homme se libère de ses chaînes. Le garçon, en touchant le Boorî, est libre d'aller où il veut sans être poursuivi, et personne ne peut faire de lui un voleur. Similairement, dans le terrain de jeux de notre monde, celui qui a déjà touché les pieds du Tout-Puissant ne ressent plus la peur.

73. Le fer, une fois converti en or par contact de la pierre philosophale, peut être conservé sous le sol, ou jeté au milieu de détritus, mais il reste toujours de l'or, et ne reviendra jamais à son état original. Similaire est le cas de celui qui a touché une fois les pieds du Tout-Puissant. Qu'il habite au milieu de l'agitation des mégalopoles, ou dans la solitude des forêts, rien ne le contaminera jamais.

74. L'épée d'acier se transforme en une épée d'or par le contact de la pierre philosophale et, même si elle conserve son ancienne forme, elle devient incapable de blesser qui que ce soit. Similairement, l'enveloppe corporelle d'un homme qui a touché les pieds du Tout-Puissant reste inchangée, mais cet homme devient incapable de mauvaises actions.

75. La pierre « loadstone », présente sous la mer, attire le navire naviguant au-dessus d'elle, ainsi que tous ses clous de fer, sépare ses planches et coule le navire dans les profondeurs. Ainsi, lorsque l'âme humaine est attirée par le magnétisme de la Conscience Universelle, celle-ci détruit en un instant toute son individualité et son égoïsme, avant de les plonger dans l'océan de l'Amour infini de Dieu.

76. Le lait et l'eau, lorsque mis en contact, peuvent être mélangés de façon à ce que le lait ne puisse jamais plus être isolé. Donc, si le néophyte, assoiffée après l'effort, se mêle indistinctement avec toutes sortes de gens du monde, non seulement il perd ses idéaux, mais son ancienne foi, son amour et son enthousiasme meurent aussi imperceptiblement. Cependant, lorsque vous remplacez le lait par du beurre, ce dernier ne se mélange pas avec l'eau, mais flotte au-dessus de celle-ci. De même, une fois que l'âme atteint Dieu, elle peut vivre en toute compagnie, sans jamais être affectée par de mauvaises influences.

77. Tant qu'elle n'a pas donné naissance à un enfant, une jeune mariée reste profondément absorbée dans ses tâches domestiques. Mais à peine une grossesse est-elle annoncée, qu'elle laisse de côté toutes ces préoccupations, ne trouvant plus aucun plaisir en elles. Au contraire, elle s'occupe de

son nouveau-né à longueur de journée et l'embrasse avec une joie intense. De même, l'homme, en pleine ignorance, effectue toutes sortes d'actions, mais à peine voit-il le Tout-Puissant qu'il ne trouve plus aucun goût en ses activités passées. Son bonheur consistera désormais à rendre service à la Divinité et effectuer Ses bonnes actions.

78. Tant que l'homme reste loin du marché, il n'entend qu'un bourdonnement, quelque chose comme « Ho ! Ho ! ». Mais quand il arrive sur le marché, il n'entend plus le tumulte, mais perçoit distinctement les négociations entre vendeurs et clients pour des pommes de terre, un autre pour Brinjal, etc. Tant qu'un homme est loin de Dieu, il est au plongé dans le bruit, la confusion, l'argument et la discussion ; mais lorsqu'il se rapproche du Tout-Puissant, tous les raisonnements, les arguments et les discussions cessent, et il comprend soudainement les mystères de Dieu avec une perception vivante et claire.

79. Tant qu'un homme s'écrie, 'Allah Ho ! Allah Ho ! (O Dieu ! O Dieu !), sois sûr qu'il n'a pas trouvé Dieu, car celui qui l'a trouvé devient silencieux.

80. Tant que l'abeille n'est pas sur les pétales du lotus et n'a pas encore goûté son miel, elle plane autour de la fleur, bourdonnant. Mais quand elle est sur cette fleur, elle boit son nectar, sans aucun bruit. Tant qu'un homme disputera et bataillera au sujet des doctrines et des dogmes, il n'a pas encore goûté au nectar de la vraie foi. Quand il l'a goûté, il devient immobile.

81. Les enfants jouent avec des poupées dans une chambre à l'écart, mais dès que leur mère entre, ils jettent de côté leurs poupées et courent vers elle en criant : « Maman, maman ! ». Vous aussi, vous jouez désormais dans un monde habité par les poupées de la richesse, de l'honneur et de la gloire ; et vous ne ressentez aucune peur ou anxiété. Mais il vous suffit de voir une seule fois la Mère Divine, et vous n'éprouverez plus aucun plaisir dans la richesse, l'honneur et la gloire. Laissant de côté tout cela, pour courir vers Elle.

82. Le Sage Totâpuri avait pour habitude de dire : « Si un pot en laiton n'est pas frotté quotidiennement, il rouillera. Pareillement, si un homme ne contemple pas la Divinité quotidienne, son cœur deviendra impure. » Ce à quoi Ramakrishna répondit : « Oui, mais si un navire est fait d'or, il ne nécessite pas de nettoyage quotidien. L'homme qui a déjà atteint Dieu n'a plus de besoin d'effectuer des prières ou des pénitences. ».

83. Celui qui a déjà goûté aux raffinés et cristallins bonbons sucrés ne trouve plus aucun plaisir à manger de la mélasse ; celui qui a dormi dans un palais ne trouve plus plaisir à s'allonger dans un taudis sale. L'âme qui a goûté à la douceur de la Divine Béatitude n'éprouve plus le besoin de se laisser aller aux plaisirs ignobles du monde.

84. Celle qui a un roi pour amant n'acceptera pas l'hommage d'un mendiant. De même, une âme qui a trouvé grâce aux yeux du Seigneur ne désire plus les choses misérables de ce monde.

85. Quand un homme est dans les plaines, il voit l'herbe humbles et les puissants pins et dit : « Que cet arbre est grand, et que cette herbe est courte ! ». Mais quand il grimpe une montagne et, depuis son pic, regarde la plaine en contrebas, le puissant sapin et l'herbe humble se mélangent pour devenir une masse indistincte de verdure. Ergo, aux yeux des hommes, il existe des distinctions de rang et de position, mais dès lors que la vue divine est découverte, ces distinctions disparaissent.

86. Lorsque de l'eau est versée dans un récipient vide, un bruit de bouillonnement s'ensuit ; en revanche, lorsque le récipient est plein, aucun bruit ne se fait entendre. De même, un homme n'ayant pas trouvé Dieu est rempli de questionnements vains. Mais quand il Le voit, toutes ces vanités disparaissent et il jouit en silence de la Divine Béatitude.

87. Une femme a du mal à se sentir concernée quant aux discussions qu'elle a quotidiennement avec son mari, s'identifiant plutôt à ses amis. De même, un disciple n'aime pas se rapporter à un autre qu'à un vrai Bhakta

(«dévot»), appréciant les joies extatiques qu'il éprouve en sa communion divine. Il est parfois même impatient de raconter ses expériences à ceux de sa propre classe.

88. Le papillon, une fois accoutumé à la lumière, ne revient jamais à l'obscurité. La fourmi meurt dans le sucre, mais jamais ne s'en retire. De même, un bon disciple sacrifie volontiers sa vie pour son Dieu.

89. Pourquoi le Dieu-amant trouve-t-il un tel plaisir à appeler la Divinité «Mère» Parce que l'enfant est plus libre avec sa mère et, par conséquent, elle lui est plus chère que n'importe qui d'autre.

90. L'homme pieux, comme un fumeur de chanvre, n'éprouve aucun plaisir à chanter seul les louanges du Tout-Puissant. (Le chanvre fumeur n'éprouve jamais plaisir à fumer sans compagnie.)

91. Si un animal étrange se joint à dans un troupeau de vaches, il est chassé par les attaques menées par l'ensemble du troupeau. Mais il suffit qu'une vache approche, et toutes les autres vaches deviendront amies avec elle, l'accueillant en lui léchant le corps. De même, lorsqu'un disciple en rencontre un autre, il éprouve un grand bonheur et à peine à s'en séparer : mais lorsqu'un railleur entre dans le cercle, ils prennent soin de l'éviter.

92. Où réside la force d'un disciple Il est un enfant de Dieu, et ses larmes sont sa plus grande force.

93. Un enfant singe reste près et se cramponne à sa mère. Un jeune chaton, lui, ne peut pas se cramponner à sa mère, mais il miaule dès qu'il est près d'elle. Si le jeune singe lâche sa mère, il tombe et se blesse car il puise sa force d'elle. Mais le chaton ne court pas ce risque, puisque sa mère le transporte d'un endroit à un autre. Telle est la différence entre l'autonomie et la résignation à la volonté de Dieu.

94. Il est dit que l'huître perlière quitte le fond de la mer et remonte à la

surface pour attraper les eaux de pluie quand l'étoile Svâti est visible. Elle flotte à la surface de l'eau, la bouche ouverte, jusqu'à ce qu'elle réussisse à attraper une goutte de cette merveilleuse pluie Svâti. Elle replonge ensuite vers son lit, dans les profondeurs, et il y repose, jusqu'à ce qu'une belle perle soit née de cette goutte de pluie. Similairement, il existe quelques vrais et avides aspirants qui se déplacent de lieux en lieux, à la recherche de la parole divine d'un parfait précepteur (Sad-guru) qui leur ouvrira la porte de l'éternelle béatitude. Et si, dans leur recherche diligente, l'un a la chance de rencontrer un tel Guru et d'obtenir de lui ce qu'il désire tant — brisant ainsi toutes ses chaînes — il se retire alors de la société pour entrer dans la cavité profonde de son propre cœur et y reposer, jusqu'à ce qu'il ait réussi à obtenir la paix éternelle.

95. Le silex peut rester pendant des myriades d'années sous l'eau, et ce sans perde son feu intérieur. Frappez-le avec le fer, et apparait alors une étincelle rougeoyante. Il en va de même pour un vrai disciple, confiant dans sa foi. Bien qu'il puisse être entouré de toutes les impuretés du monde, il ne perd jamais sa foi et son amour. Il devient fasciné dès qu'il entend le nom du Tout-Puissant.

96. La pierre peut rester pendant des myriades d'années sous l'eau, sans que celle-ci ne la pénètre. Mais l'argile est rapidement ramollie par le contact de l'eau, jusqu'à devenir de la boue. Similairement, le cœur solide des fidèles ne désespère pas sous le poids des épreuves et des persécutions, alors que l'homme de foi faible est facilement ébranlé par la cause la plus insignifiante.

97. Comme la simplicité d'un enfant est douce ! Il préfère une poupée à la richesse et la fortune. Il en est de même pour un fidèle disciple. Personne d'autre ne saurait mettre de côté la richesse pour ne garder que l'honneur de servir Dieu.

98. Dieu est semblable à une colline de sucre. Une petite fourmi transporte loin de celle-ci un petit grain de sucre, et une plus grande fourmi

prend un grain plus grand. Mais la colline, elle, reste inchangée. Il en va de même pour les disciples de Dieu. Ils deviennent extatiques avec le plus petit grain d'attribut divin. Personne ne peut contenir en lui tous Ses attributs.

99. Un logicien demanda un jour à Srî Râmakrishna : « Quelle est la différence entre la connaissance, le connaisseur, et l'objet connu ». A quoi il répondit : « Bon monsieur, je ne connais pas toutes les subtilités de l'apprentissage scolaire. Je ne connais que ma Mère Divine, et que je suis son fils. »*

Les Proverbes de Râmakrishna : 100-199

100. Un homme dont tous les poils se hérissent d'extase à la simple mention du nom de Srî Hari, et qui verse des larmes d'amour en entendant le nom de Dieu, a atteint sa dernière naissance.

101. Plus vous grattez une plaie, plus les démangeaisons augmenteront, et plus vous trouverez du soulagement à vous gratter. De même, les disciples ont un jour commencé à chanter Ses louanges et, ne s'en lassant jamais, continuèrent pendant des heures et des heures.

102. Lorsque les grains sont mesurés devant un acheteur, dans le grenier d'un riche marchand, le mesureur va sans cesse mesurer, tandis que les femmes lui amènent les paniers remplis de céréales. Il ne quittera pas son poste, alors que les femmes lui apportent toujours plus de grains. Mais un petit épicier, lui, n'a ni assistants, ni de ressources inépuisables dans son magasin. Similairement, Dieu Lui-même provoque constamment des pensées et des sentiments dans le cœur de Ses fidèles, et ces derniers ne sont jamais en manque de pensées et de sentiments nouveaux et sages ; tandis que d'autres, comme les petits épiciers, se rendent vite compte que leurs pensées sont épuisantes.

---

* D'autres paroles de Ramakrishna m'ont été envoyés ces derniers temps, mais leur publication devra attendre une opportunité future.

103. Un agriculteur né ne laisse jamais un sol non labouré, même s'il se peut qu'il ne pleuve pas pendant douze années consécutives ; alors qu'un commerçant sera découragé par une mauvaise saison due à la sécheresse. Le vrai croyant ne se décourage jamais, et ce même s'il ne parvient pas à voir Dieu malgré son dévouement d'une vie.

104. Un vrai disciple, qui s'est abreuvé de l'Amour Divin, est comme un véritable ivrogne, et, en tant que tel, n'arrive pas toujours à respecter les règles de la bienséance.

105. Dala (carex) ne pousse pas dans des grands réservoirs d'eau, mais dans des petites mares stagnantes et miasmatiques. De même, Dala (schism) n'a pas lieu dans un parti dont les adhérents sont guidés par des motifs purs et désintéressés ; elle prend racine dans un parti dont les défenseurs sont voués à l'égoïsme, l'hypocrisie et l'intolérance. ('Dala,' en Bengâli, signifie à la fois « carex » et « schisme ».)

106. Le Yogi et les Samyâsins sont comme des serpents. Le serpent ne creuse jamais un trou pour lui-même, il vit dans le trou créé par la souris. Quand un trou devient inhabitable, il entre dans un autre. De même, les Yogis et les Samyâsins ne bâtissent pas de maisons pour eux-mêmes, ils passent leurs journées dans les maisons d'autres hommes — un jour dans une maison, le lendemain dans une autre.

107. Seul un sage peut en reconnaître un autre. De la même façon que seul celui qui s'occupe de tordre du coton peut juger du nombre et de la qualité d'une torsion particulière.

108. Un sage était couché, dans une transe profonde (Samâdhi), sur le bord d'une route. Un voleur qui passait par là l'aperçut et pensa « Cet homme, allongé ici, est un voleur. Une nuit, il est entré par effraction dans une maison et, à présent, il dort, épuisé. La police va arriver très bientôt pour l'arrêter. Il me faut s'échapper avant que ça arrive. » Pensant ainsi, il a couru. Peu de temps après, un ivrogne s'est approché du sage, et lui dit :

«Bonjour! Vous êtes tombé dans le fossé car vous avez bu une goutte de trop. Mais moi, je suis plus stable que vous, je ne vais pas chuter.» Le dernier visiteur fut un sage, et il comprit immédiatement que l'homme, un grand sage, était en transe (Samâdhi). Il s'assit avec lui, le toucha, et se mit à doucement frotter ses pieds saints.

109. Un jour, un Sâdhu itinérant est venu dans le temple Kâlî de Râni Râsamani et, apercevant un chien manger les restes d'un festin, il est allé jusqu'à lui et lui dit en l'embrassant: «Frère, comment se fait-il que tu manges seul, sans me laisser une part » Il se joint alors au chien. Les habitants des environs, naturellement, le pensèrent fou; mais en se tenant devant le temple de la Déesse, il commença à chanter quelques hymnes à la louange de Kâlî et le temple sembla trembler devant la ferveur de sa dévotion. Les gens le reconnurent alors comme un grand Sâdhu. Les vrais Sâdhus errent comme des enfants ou des fous, dans des vêtements sales, et divers autres déguisements.

110. Un vrai religieux est celui qui n'est pas tenté de réaliser de mauvaises actions ou de se laisser aller à un comportement impulsif — surtout lorsqu'il est seul et que personne n'est présent pour pouvoir le lui reprocher.

111. Dans l'alphabet Bengâli, aucune lettre ne se ressemble dans la prononciation, à l'exception des trois sifflantes (Sa, sha, et sa). Les trois signifient la même chose: «la tolérance». Cela montre que, dès notre enfance, à travers l'apprentissage de l'alphabet, nous sommes conditionnés à apprendre la tolérance. Cette qualité est d'une importance sans pareil pour tous les hommes.

112. Le sucre et le sable peuvent être mélangés, mais la fourmi rejette le sable et se concentre sur le grain de sucre, de la même façon que les hommes pieux savent tamiser le bon du mauvais.

113. Il est de la nature du panier de vannage de rejeter le mauvais pour ne garder que le bon, tout comme les hommes pieux.

114. Un homme réellement pieux est mort dans la vie, c'est-à-dire que ses passions et ses désirs ont tous été détruits comme un corps mort.

115. Les personnes mondaines effectuent de nombreux actes pieux et charitables, dans l'espoir de récompenses mondaines ; mais quand le malheur, la tristesse et la pauvreté approchent, ils délaissent ces bonnes actions. Ils sont comme le perroquet répétant le nom Divin 'Râdhâ-Krishna, Râdhâ-Krishna', mais qui, lorsqu'attrapé par un chat, crie « Kaw Kaw », oubliant le nom Divin.

116. Un coussin se tasse lorsque quelqu'un est assis dessus, mais il reprend rapidement sa forme initiale une fois la pression retirée. Il en va de même pour les hommes mondains : tant qu'ils entendent des discussions religieuses, ils sont pleins de sentiments religieux ; mais, à peine entrés dans une routine quotidienne, ils oublient toutes ces pensées nobles et redeviennent aussi impurs qu'auparavant.

117. Tant que du fer est présent dans un four, il est rouge vif ; mais il devient noir dès qu'il en sort. L'homme du monde est semblable : tant qu'il est à l'église ou en la présence de gens pieux, il est plein d'émotions religieuses ; mais il les perd lorsqu'il s'éloigne de ces gens.

118. Quelqu'un a dit : « Quand mon garçon Harish sera grand, je lui trouverai une femme, et lui laisserait ma place à la tête de la famille. Je pourrai ainsi renoncer au monde et commencer à pratiquer le Yoga. » A ceci, un Sâdhu répondit : « Vous ne trouverez jamais aucune occasion de pratiquer le yoga (la dévotion). Vous direz après quoi, « Harish et Girish sont trop attachés à moi. Ils ne voudront pas renoncer à ma compagnie. » Alors, vous vous direz peut-être, « J'attendrai qu'Harish ait un fils, et que ce fils soit marié. » Et il n'y aura donc pas de fin à vos désirs. »

119. Les mouches se posent parfois sur les friandises exposées dans la boutique d'un pâtissier, mais lorsqu'une balayeuse passe à proximité avec un panier plein d'ordures, les mouches abandonnent les sucreries

et prennent place sur le panier. L'abeille, elle, ne j'assieds jamais sur des objets sales, elle boit le miel directement sur les fleurs. Les hommes du monde sont comme des mouches. Parfois, ils arrivent à goûter brièvement à la douceur Divine, mais leur habitude de la saleté les ramène rapidement vers le fumier du monde. Un homme bon, en revanche, est toujours absorbé dans la contemplation béate de la beauté Divine. N.B. L'homme mondain est comme un ver qui vit et meurt dans la crasse, et n'a aucune aspiration à des choses plus élevées. L'homme bon mondain, lui, est comme la mouche qui se trouve parfois sur la saleté, et parfois sur les douceurs. Tandis que l'âme libre d'un Yogi est comme l'abeille qui boit le miel de la sainte présence de Dieu, et rien d'autre.

120. Quand il fut décidé qu'un homme de famille (Grihastha) pouvait rester dans la famille — mais sans avoir aucun souci d'elle et, par conséquent, rester non contaminé par le monde — l'argument fut réfuter par cette illustration : Un pauvre Brâhmana est venu un jour voir l'un de ces hommes de famille — ceux qui sont indifférents aux affaires de la famille — pour mendier un peu d'argent. Face à cette demande, il répondit : « Monsieur, je ne touche jamais à l'argent. Pourquoi perdez-vous votre temps à mendier auprès de moi ? » Le Brâhmana, cependant, refusa de partir. Fatigué de ses prières importunes, l'homme se résolut enfin à lui donner une roupie, et ajouta : « Eh bien, monsieur, revenez demain, je verrai ce que je peux faire pour vous. » Rentrant ensuite chez lui, cet homme de famille typique dit à sa femme, qui était en charge de toutes ses affaires : « Ma chère, un pauvre Brâhmana est en grande difficulté, et voudrait quelque chose. J'ai pris la décision de lui donner une roupie. Qu'en penses-tu » « Aha ! Tu es trop généreux ! », répondit-elle. « Les roupies ne sont pas, comme les feuilles ou les pierres, à jeter sans aucune réflexion. » « Eh bien, ma chère », répondit le mari, d'un ton désolé, « l'homme est très pauvre et nous ne devrions pas lui donner moins d'une roupie. » « Non ! », répondit la femme, « je ne peux pas donner autant ; voici deux sous, tu peux les lui donner, si tu le souhaites. » L'homme, bien entendu, n'avait pas d'autre alternative, étant luimême indifférent à toutes ces questions mondaines. Alors il prit ce que sa femme lui tendait et, le lendemain, quand le mendiant revint, il lui donna

les deux sous. Les hommes tels que celui-ci sont des personnes soumises, qui se laissent guidés par leurs femmes. Ils représentent de tristes spécimens de l'humanité.

121. L'eau scintillante passe à travers le filet de bambou et les petits alevins entrent dedans avec grand plaisir. Mais, une fois entrés, ils ne peuvent plus ressortir — ils sont pris au piège. De même, les hommes insensés naissent, séduits par la fausse beauté du monde ; mais, tout comme il est plus facile d'entrer dans le filet que d'en sortir, il est plus facile d'entrer dans le monde que d'y renoncer.

122. Les hommes citent toujours l'exemple du roi Ganaka, comme celui d'un homme qui, bien qu'il ait vécu dans le monde, a su atteindre la perfection. Mais tout au long de l'histoire de l'humanité, il est le seul à avoir accompli cela. Il n'était pas la règle, mais l'exception. La règle générale est que personne ne peut atteindre la perfection spirituelle, à moins qu'il ne renonce à la luxure et à la cupidité. Ne vous prenez pas un Ganaka. Plusieurs siècles se sont écoulés et le monde n'a pas produit un autre Ganaka.

123. Ce monde est comme une scène, où des hommes jouent de nombreux rôles, vêtus de divers déguisements. Ils n'aiment pas enlever leur masque, à moins qu'ils jouent depuis un long moment. Laissez-les jouer un temps, vous verrez qu'ils quitteront ensuite leur masque de leur propre gré.

124. Le cœur d'un disciple est semblable à un assemblage sec ; et la moindre mention du nom de la Divinité attise l'amour dans son cœur. Mais l'esprit du monde, remplit de luxure et de cupidité, est comme un assemblage humide, et ne pourra jamais connaitre l'enthousiasme — bien que Dieu puisse lui être prêché d'innombrables fois.

125. Un homme du monde peut être doté d'une d'intelligence aussi grande que celle de Ganaka, peut supporter autant de peine et de la difficulté qu'un Yogi, et faire de grands sacrifices comme un ascète — mais tout cela, il ne le fait pas pour Dieu, mais pour la mondanité, l'honneur et la fortune.

126. Tout comme l'eau est incapable de pénétrer la pierre, les conseils religieux n'ont aucun impact sur le cœur d'un homme du monde.

127. Un clou ne peut pénétrer une pierre, mais peut facilement être enfoncé dans le sol. Similairement, les conseils d'un homme pieux ne peuvent affecter l'âme d'un homme du monde. Ils ne peuvent entrer que dans le cœur d'un croyant.

128. Tout comme, contrairement à la pierre, l'argile accueille facilement une impression ; le cœur du disciple accueille facilement la Sagesse Divine, contrairement à l'âme d'un simple homme du monde.

129. La caractéristique première d'un homme du monde est que — en plus de ne pas écouter les hymnes, discours religieux et louanges du Tout-Puissant — il empêche également les autres de les écouter, et abuse des hommes et des sociétés religieuses, se moquant de leurs prières.

130. L'alligator a une peau si épaisse et écailleuse qu'aucune arme ne peut la percer ; au contraire, elles sont inoffensives. Donc, peu importe la façon dont vous prêcherez la religion auprès d'un homme du monde, cela n'aura aucun effet sur son cœur.

131. L'eau passe sous un pont, entrant d'un côté et ressortant de l'autre. De même, les conseils religieux affectent les âmes du monde, entrant en elles par une oreille et ressortant par l'autre, sans aucun impact sur leur esprit.

132. En parlant avec un homme du monde, on peut sentir que son cœur est rempli de pensées et de désirs du monde, comme la récolte d'un pigeon est remplie de grains.

133. Tant que du feu brûle en dessous du lait, celui-ci bouilli. Retirer le feu et le lait devient calme à nouveau. Il en est de même pour le cœur du néophyte, qui bouillit d'enthousiasme tant qu'il continue ses exercices spirituels, avant de revenir au calme.

134. Pour approcher un monarque, il faut être bien vu des fonctionnaires qui gardent la porte et entourent le trône. Afin d'atteindre le Tout-Puissant, il faut prouver sa dévotion, servir de nombreux disciples et faire de la sagesse son compagnon.

135. Gardez vos sentiments et votre foi pour vous-même. Ne parler pas d'eux aux étrangers, sinon tu seras perdant.

136. Il existe trois types de poupées : celles fabriquées à partir de sel, celles en tissu, et celles faites de pierre. Si ces poupées sont immergées dans l'eau, la première va se dissoudre et devenir informe ; la seconde absorbera une grande quantité de liquide, mais conservera sa forme ; tandis que la dernière sera imperméable à l'eau. La première poupée représente l'homme, qui fusionne avec l'Universel et l'Omniprésent, ne faisant plus qu'un avec lui—il est le 'Mukta purusha'. La seconde représente un vrai adorateur (ou Bhakta), rempli de béatitude Divine et de connaissances. Enfin, la troisième est à l'image d'un homme mondain, qui ne saura pas absorber la moindre goutte de la vraie connaissance.

137. Lorsque des poissons sont pris dans un filet, certains ne luttent pas du tout, alors que d'autres se débattent pour sortir du filet, et quelques-uns sont même assez chanceux pour s'évader en déchirant le filet. De même, il existe trois sortes d'hommes : les enchaînés (Baddha), les combattants (Mumukshu), les libérés (Mukta).

138. Tout comme un tamis sépare les particules fines de celles plus grossières, gardant ces dernières et rejetant les plus fines ; un homme cruel choisit de servir le mal et rejette le bien.

139. Deux hommes sont entrés dans un jardin. L'homme mondain, à peine la porte passée, commença à compter les manguiers, combien de mangues sur chaque arbre, et quel pourrait être le prix approximatif de l'ensemble du verger. L'autre alla voir le propriétaire et fit sa connaissance ; après quoi, il alla sous un manguier, cueilli un fruit et le mangea, avec le consentement

du propriétaire. Mais, qui est réellement le plus sage des deux Mangez des mangues, cela satisfera votre faim. A quoi cela sert-il de compter les feuilles et faire de vains calculs L'homme d'esprit vain est inutilement occupé à essayer de trouver le pourquoi de la création, tandis que l'homme humble et sage fait connaissance avec le Créateur et jouit d'une félicité suprême.

140. Le vautour vole très haut dans les cieux, tout en regardant vers le sol, à la recherche de carcasses en décomposition. Similairement, les pandits liseurs de livres parlent avec désinvolture et volubilité de la Connaissance Divine—mais il ne s'agit que de paroles vides, puisque leur esprit est en réalité envahi par l'envie d'obtenir de l'argent, le respect, l'honneur, la puissance, etc. La récompense vaniteuse de leur apprentissage.

141. Un jour, un différend est survenu entre les savants de la cour du Maharajah de Burdwan, pour savoir qui de Siva ou Vishnu était la plus grande divinité. Certains donnèrent leur préférence à Siva, d'autres à Vishnu. Lorsque le conflit atteint des proportions trop importantes, un sage pandit fit remarquer à Raja : « Sire, je n'ai ni rencontré Siva, ni jamais vu Vishnou ; comment puis-je dire lequel des deux est le plus grand » Le débat arriva à son terme, car aucun des disputant n'avait vraiment vu les Divinités. De même, personne ne doit comparer une divinité à une autre. Quand un homme a vu un Dieu, il comprend alors que toutes les Divinités sont des manifestations d'un seul et même Brahman.

142. Comme l'éléphant a deux sets de dents (ses défenses externes et ses dents), les hommes de Dieu (comme Srî Krishna) agissent et se comportent en apparence comme les hommes ordinaires, alors que leur cœur et leur âme reposent bien au-delà des limites du Karman.

143. Le Sâdhu qui distribue les médicaments, et utilise des substances toxiques, ne constitue pas un bon Sâdhu. Evitez la compagnie d'un tel individu.

144. Un Brâhmana prenait soin d'un jardin, l'entretenant jour et nuit. Un jour, une vache errant dans le jardin piétina un arbrisseau de mangue,

l'un des arbres les plus soigneusement entretenu par le Brâhmana. Ce dernier, apercevant la vache détruire sa plante favorite, battit l'animal si violemment qu'elle périt de ces blessures. L'affaire se répandit comme une traînée de poudre — un Brâhmana avait tué l'animal sacré. À présent, le Brâhmana était un soi-disant Vedântiste, mais quand il fut qualifié de la sorte, il le nia et dit : « Non, je n'ai pas tué la vache, c'est ma main qui l'a fait. Et, comme Indra est la Déité de la main, si quelqu'un doit porter la culpabilité d'avoir tué la vache, c'est Indra et pas moi. » Indra, depuis son Paradis, entendu ces paroles, prit la forme d'un vieux Brâhmana et alla à la rencontre du propriétaire du jardin. Il lui demanda : « Monsieur, à qui appartient ce jardin » Brâhmana : « C'est le mien. » Indra : « C'est un magnifique jardin. Vous avez un habile jardinier, si l'on en croit la manière soignée et artistique dont il a planté les arbres ! » Brâhmana : « Eh bien, monsieur, il s'agit de mon travail. Les arbres ont été plantés sous ma supervision. » Indra : « Vraiment ! Oh, vous êtes très intelligent. Mais qui a tracé cette route Elle est très habilement placée et parfaitement exécutée. » Brâhmana : « Tout ce que vous voyez a été réalisé par mes soins. » Indra, les mains jointes, conclut alors : « Alors que toutes ces choses sont les vôtres, et que vous vous attribuer le mérite pour tous les travaux effectués dans ce jardin, il serait injuste que le pauvre Indra soit tenu responsable de la mort de la vache. »

145. Si tu es sérieusement bon et parfait, Dieu enverra le véritable Maître (Sadhguru) à toi. Le sérieux est la seule chose nécessaire.

146. En se rendant dans un pays étranger, il faut respecter les directives de celui qui connaît le chemin, en suivant des conseils qui pourraient en pousser plus d'un à la confusion. Similairement, en essayant d'atteindre Dieu, il faut suivre implicitement les conseils d'un seul Guru qui connaît le chemin vers Lui.

147. Celui qui peut appeler le Tout-Puissant avec sincérité et une intense ferveur n'a besoin d'aucun Guru. Mais un tel homme est rare, d'où la nécessité d'un Guru ou d'un Guide. Le Guru devrait être unique, mais

les Upagurus (des Gurus assistants) peuvent être en grand nombre. Celui qui connait toutes choses et peut les enseigner est appelé un Upaguru. Le grand Avadhûta avait vingt-quatre de ces Gurus.

148. Beaucoup de chemins mènent à Calcutta. Un homme est parti de sa maison, dans un village éloigné. Sur la route, il a demandé à un homme : « Quel chemin dois-je emprunter pour atteindre Calcutta le plus tôt possible ». L'homme répondit : « Suivez cette route. » Un peu plus loin, il rencontra un autre homme et lui demanda : « Suis-je bien sur la route la plus courte jusqu'à Calcutta » Et l'homme répondit : « Oh non ! Vous devez revenir sur vos pas et prendre la route sur votre gauche. » L'homme fit ce qu'on lui conseillait, et une fois sur la route en question, il rencontra un troisième homme qui lui indiqua une autre route vers Calcutta. Le voyageur continua ainsi sans aucun progrès, passant la journée à changer de route. Il aurait dû suivre le chemin indiqué sur la carte par le premier homme. De même, ceux qui veulent atteindre Dieu ne doivent suivre qu'un et unique Guide.

149. Le disciple ne doit jamais critiquer son Guru. Il doit implicitement acquiescer à tout ce que son Guru dit. Un Bengâli dit : « Bien que mon Guru puisse visiter des tavernes et autres, mon Guru est toujours un saint Rai Nityânanda. »

150. Le Guru est un médiateur. Il rassemble l'homme et Dieu.

151. Garde la perle et jette l'huître. Suis le mantra (conseils) donné par ton Guru et ne prend pas en considération les faiblesses humaines de ton professeur.

152. Ne prête aucune attention à celui qui critique et censure ton Guru. Eloigne-toi de cette personne.

153. Comme la lune est l'oncle de chaque enfant, Dieu est le Père et le Guide de l'Humanité. (Les enfants du Bengale appellent la lune leur

« oncle maternel »).

154. Un disciple, ayant foi en le pouvoir infini de son Guru, arrivait à marcher sur une rivière grâce à la simple mention son nom. Le Guru, voyant cela, pensa en lui-même : « Eh bien, existe-t-il un tel pouvoir, même en mon nom Dans ce cas, je dois sans aucun doute être très grand et très puissant ! ». Le lendemain, il essaya donc de marcher sur la rivière en disant « Moi, moi, moi » ; mais, à peine son pied eu-t-il touché l'eau, qu'il coula et se noya. La foi peut réaliser des miracles, tandis que la vanité ou l'égoïsme conduisent un homme à la mort.

155. Des Gurus peuvent exister par centaines, mais de bons Chelas (disciples) sont très rares.

156. Il est facile de réciter « do, ré, mi, fa, sol, la, si » à l'oral, mais ces notes ne sont pas si faciles à chanter ou à jouer sur un instrument. De même, il est aisé de parler de religion, mais il est difficile d'agir selon cette religion.

157. Des hommes ordinaires parlent de religion, mais n'agissent en rien selon celle-ci ; tandis que l'homme sage parle peu, mais toute sa vie est dédiée à la religion.

158. Ce que vous voulez que d'autres fassent, faites-le vous-même.

159. En vérité, en vérité, je vous le dis : celui qui aspire à Dieu, saura Le trouver.

160. Les pétales du lotus tombent avec le temps, mais laissent des cicatrices derrière. Alors, quand la vraie connaissance prend place, l'égoïsme disparaît, mais ses traces demeurent. Leur fléau, cependant, n'est pas actif.

161. Il y a deux Egos en chaque homme, un mature et l'autre non. L'Ego mature pense : « Rien n'est à moi ; tout ce que je vois, sens ou entend, et même ce corps, n'est pas à moi. Je suis toujours libre et éternel. » L'autre

Ego, au contraire, pense : « Ceci est ma maison, ma chambre, mon enfant, mon femme, mon corps, etc. »

162. Le verre dans lequel est contenu le jus d'ail en conserve l'odeur désagréable, même après des centaines de nettoyages. Egohood est, lui aussi, une créature obstinée : il ne nous quitte jamais complètement.

163. Les feuilles de cacao tombent de leur arbre, mais laissent derrière elles des marques sur le tronc. De même, aussi longtemps que l'on possède un corps, celui-ci gardera des traces d'égoïsme, qu'importe le niveau de spiritualité de l'homme en question. Mais ces traces d'égoïsme ne lient pas ces hommes au monde, au même titre qu'elles ne provoquent pas leur renaissance.

164. Le soleil peut apporter chaleur et lumière au monde entier, mais il ne peut plus rien faire une fois que les nuages envahissent le ciel et bloquent ses rayons. Similairement, aussi longtemps que l'égoïsme est présent dans une âme, Dieu ne peut pas atteindre le cœur.

165. La vanité est comme un tas d'ordures ou de cendre sur lequel l'eau, lorsqu'elle tombe, n'a aucun effet. Les prières et contemplations n'ont aucune répercussion sur un cœur gonflé de vanité.

166. De tous les oiseaux, le corbeau est considéré comme le plus sage, et lui-même se voit aussi. Il ne tombe jamais dans un piège. Il s'enfit au moindre risque de danger, et vole sa nourriture avec une grande dextérité. Mais toute cette sagesse ne peut lui fournir un autre mode de vie que la saleté. La raison Sa sagesse est celle d'un escroc.

167. Un jour, la présomption entra dans le cœur du Divin Sage Nârada, et celui-ci pensait qu'il n'y avait pas de meilleur disciple que lui-même. Lisant son cœur, le Seigneur Srî Vishnu dit : « Nârada, rends-toi à l'endroit que je t'indique ; il y a un grand Bhakta là-bas, cultives-toi de sa connaissance. » Nârada s'y rendit et fit la rencontre d'un agriculteur qui se levait

tôt le matin, prononçait le nom de Hari une fois, puis, trainant sa charrue, partait labourer la terre toute la journée. A la nuit tombée, il allait se coucher, après avoir prononcé le nom de Hari une fois de plus. Nârada pensa : « Comment une personne si rustique peut-elle être appelé un adorateur de Dieu Je le vois occupé à des fonctions mondaines, et il ne porte aucun signe pieux sur lui. » Nârada est ensuite retourné voir le Seigneur et confia ce qu'il pensait de sa nouvelle connaissance. Le Seigneur dit : « Nârada, prend cette coupe pleine d'huile, fait le tour de la ville et revient avec elle, mais fais attention à ne pas en perdre une goutte. » Nârada s'exécuta et, à son retour, on lui demanda : « Eh bien, Nârada, combien de fois as-tu pensé à moi durant ta marche ». « Pas une seule fois, mon Seigneur », répondit-il, « mais comment le pourrais-je alors que je devais prendre soin de ne pas renverser cette coupe débordante de pétrole ». Le Seigneur rétorqua : « Cette simple tasse d'huile a détourné ton attention au point que tu m'as complètement oublié. Mais regarde cet homme rustique qui, portant la lourde charge d'une famille, arrive encore à se souvenir de moi deux fois par jour. »

168. Il existe trois sortes d'amour ; égoïste, réciproque et désintéressé. L'amour égoïste est le pire ; il n'aspire qu'à son propre bonheur, peu importe si l'être aimé est heureux ou malheureux. Dans un amour mutuel, l'amant veut non seulement le bonheur de sa bien-aimée, mais également le sien. L'amour désintéressé, lui, est le plus méritant. L'amant a seulement à l'esprit le bien-être de l'être aimé.

169. Un véritable adorateur voit son Dieu comme son parent le plus proche et le plus cher — tout comme les femmes de berger de Vrindâvana voient en Srî Krishna, non pas le Seigneur de l'Univers (Gagannâtha), mais leur propre bien-aimé (Gopînâtha).

170. « Je dois atteindre la perfection dans cette vie, oui, en trois jours il me faut trouver Dieu ; non, je vais plutôt L'attirer vers moi en prononçant une seule fois son nom. » Avec un amour aussi violent, le Seigneur est attiré aussitôt. Les amants peu enthousiastes attendent des siècles avant de

Le trouver—voire même ne jamais Le trouver.

171. Un amoureux et un connaisseur de Dieu étaient autrefois en train de traverser une forêt. Sur leur chemin, ils virent un tigre, au loin. Le Gñâni, ou connaisseur de Dieu, dit : « Il n'y a aucune raison de fuir ; Dieu Tout-Puissant va certainement nous protéger. » Ce à quoi l'amant répondit : « Non, mon frère, fuyons. Pourquoi devrions-nous déranger le Seigneur pour quelque chose que nous pouvons accomplir nous-mêmes »

172. La Connaissance de Dieu peut être comparée à celle d'un homme, alors que l'Amour de Dieu est comme une femme. La connaissance a un droit d'entrer uniquement aux pièces extérieures de Dieu ; mais personne ne peut entrer dans les mystères intérieurs de Dieu, à l'exception d'une maîtresse. Seule une femme a accès au harem du Tout-Puissant.

173. L'amour et la connaissance de Dieu sont, en fin de compte, une seule et même chose. Il n'y a aucune différence entre la connaissance pure et l'amour pur.

174. En revenant d'une après-midi dans un marché lointain, à la nuit tombée, un groupe de pêcheuses furent surprises par une violente tempête de grêle. Elles furent contraintes de trouver refuge dans la maison d'un fleuriste à proximité. Grâce à la gentillesse de ce dernier, elles furent autorisées à dormir dans l'une des chambres, où des paniers remplis de fleurs au parfum enivrant étaient stockés pour les clients. L'atmosphère de la chambre était trop appréciable pour que les pêcheuses ne réussissent à obtenir un soupçon de sommeil—jusqu'à ce que l'une d'elles suggère un remède : « Que chacune d'entre nous garde son panier, destinés à contenir les poissons, à côté de son nez. Cela empêchera l'odeur troublante de ces fleurs d'attaquer nos narines et de tuer notre sommeil. » Chacune s'exécuta, acceptant volontiers cette proposition—et, bientôt, toutes étaient endormies. Tel est le pouvoir et l'influence des mauvaises habitudes sur ceux qui y sont accros.

175. Une mangouste apprivoisée avait bâti sa maison en hauteur, contre

le mur d'une habitation. L'extrémité d'une corde était attachée à son cou, tandis que l'autre extrémité était fixée à un poids. La mangouste, avec les apanages, jouait dans le salon ou dans la cour de l'habitation ; mais aussitôt qu'elle ressentait de la peur, elle retournait se cacher dans sa maison sur le mur. Mais elle ne peut y rester longtemps, puisque le poids à l'autre extrémité de la corde la tire vers le bas — elle est donc contrainte de quitter sa maison au bout d'un moment. Similairement, un homme possède une maison en hauteur, aux pieds du Tout-Puissant. Chaque fois qu'il est effrayé par l'adversité et le malheur, il se rend auprès de son Dieu, sa vraie maison. Mais, après un court moment, les attraits irrésistibles du monde le poussent à redescendre.

176. Tout comme Helonchâ (repens Hingcha) ne doit pas être classé parmi les herbes potagères, ou le sucre d'orge parmi les bonbons ordinaires (car même un homme malade peut en manger sans nuire à sa santé), ou comme « pranava » ne doit pas être considéré comme un mot (mais plutôt comme la Divinité elle-même) — les désirs de sainteté, de dévouement et d'amour ne doivent pas être considérés comme des désirs.

177. Lorsqu'un fruit pousse, les pétales autour de lui tombent. De même, lorsque la Divinité présente en toi se développe, la faiblesse de l'humanité disparaît de ta personne.

178. Un veau nouveau-né tombe et trébuche des dizaines de fois avant qu'il n'apprenne à se tenir de façon stable. Similairement, sur le chemin vers la dévotion, les chutes sont nombreuses, avant que le succès ne soit atteint.

179. Certains sont pompettes avec un simple petit verre de vin. D'autres ont besoin de deux ou trois bouteilles avant d'être en état d'ébriété. Mais tous obtiennent un égal plaisir. De même, certains disciples s'enivrent de bonheur céleste en entrant en contact direct avec le Seigneur de l'Univers, tandis que d'autres s'extasient à la simple vue de la Gloire Divine. Mais tous éprouvent une joie équivalente, puisqu'ils sont inondés de bonheur divin.

180. Le serpent est très venimeux. Il mord dès que quelqu'un s'approche pour l'attraper. Mais un charmeur de serpents peut non seulement attraper le serpent, mais également porter plusieurs d'entre eux sur lui, comme ornements. De même, celui qui a acquis la connaissance spirituelle ne pourra jamais être corrompu par la luxure et la cupidité.

181. Un homme devient parfait lorsqu'il comprend l'une de ces trois allégations : (1) Tout cela est moi, (2) Tout cela est toi, (3) Tu le Maître, et moi le serviteur.

182. Pour trouver Dieu, il te faudra sacrifier ton corps, ton esprit et ta richesse.

183. L'humanité doit mourir avant que la Divinité ne se manifeste. Mais cette Divinité doit, en retour, mourir avant que la manifestation supérieure de la Bienheureuse Mère n'ait lieu. C'est au cœur de la Divinité morte (Siva) que la Bienheureuse Mère effectue Sa céleste danse.

184. Celui chez qui la concentration et le désir seront les plus prononcés, trouvera Dieu le plus rapidement.

185. Samâdhi est l'état de béatitude atteint par un poisson qui, après avoir été maintenu hors de l'eau pendant un long temps, y est de nouveau plongé.

186. Il existe, sous la mer, des collines et des montagnes, des vallées et des ravins — mais ils ne sont pas visibles depuis la surface. Similairement, lorsque nous nous trouvons dans l'état de Samâdhi alors que nous flottons sur l'océan de Sat-Chit-Ânanda, toute conscience humaine est alors latente.

187. Si vous remplissez un vase en terre avec de l'eau et le placez sur une étagère, l'eau va sécher en quelques jours ; mais si vous immergez le même pot dans de l'eau, il restera rempli du liquide tant qu'il y sera conservé. La situation est la même concernant l'amour que nous portons au Seigneur Dieu. Remplissez et enrichissez votre cœur avec l'amour de Dieu pour un

temps, puis employez-vous à d'autres affaires, l'oubliant un moment; vous constaterez alors, après un court laps de temps, que votre cœur est devenu pauvre, vide et dépourvu de cet amour précieux. Mais si vous maintenez votre cœur plongé dans la profondeur de cet amour saint, vous est certain de toujours rester submergé par la ferveur Divine de l'amour sacré.

188. Celui qui, durant la contemplation, est totalement inconscient de tout ce qui se passe autour de lui, a atteint la perfection dans sa contemplation.

189. Un pot immergé sous l'eau est envahi de celle-ci, autant à l'intérieur qu'à l'extérieur. De même, une âme immergée en Dieu est capable de voir l'esprit compatissant à l'intérieur et autour d'elle.

190. Lorsque la grâce du Tout-Puissant descend, tout le monde comprendra ses erreurs — cette certitude, personne ne devrait contester.

191. L'obscurité accumulée à travers les siècles est chassée dès qu'une lumière apparaît dans la salle. Les ignorances et fautes des innombrables naissances accumulées disparaissent sous un simple regard bienveillant du Tout-Puissant.

192. Lorsque la brise Malaya souffle, tous les arbres ayant de la résistance deviennent des Sandalwood; mais ceux fragiles restent inchangés (le bambou, le plantain, le palmier, etc.) De même, lorsque la Grâce Divine se manifeste, les hommes pieux et bons sont transformés en êtres saints et sont remplis de la Divinité, mais les hommes sans valeur restent comme ils étaient.

193. Tout comme l'aube est annonciatrice du soleil levant; le désintéressement, la pureté, la justice, etc., précèdent l'avènement du Seigneur.

194. Avant de se rendre chez son serviteur, un roi envoie, de ses propres réserves, les sièges, ornements, nourritures nécessaires, afin que son serviteur puisse bien le recevoir. De même, avant que le Seigneur ne vienne, Il

envoie amour, respect, foi, désir, etc., dans le cœur de son dévot.

195. Un source d'eau peu profonde, localisée dans un champ ouvert, disparaîtra avec le temps, bien que personne ne l'utilise. De même, un pécheur peut parfois être purifié en se résignant simplement et totalement à la miséricorde et à la grâce de Dieu.

196. Un policier peut voir, à l'aide d'une lanterne (œil de bœuf), chaque personne vers laquelle il pointe l'objet ; mais personne ne peut le voir tant qu'il ne tourne pas la lumière vers lui-même. Similairement, Dieu voit tout le monde, mais personne ne peut Le voir avant que le Seigneur Lui-même ne se révèle à lui dans Sa miséricorde.

197. Il existe certains poissons qui possèdent plusieurs groupes d'os, alors que d'autres n'en ont qu'un. Mais — tout comme l'on nettoie tous les os d'un poisson pour pouvoir le manger — certains hommes ont beaucoup de défauts, et d'autres en ont peu ; mais la grâce de Dieu les purifie tous le moment venu.

198. La brise de Sa grâce souffle nuit et jour au-dessus de votre tête. Déployez les voiles de votre bateau (votre esprit) si vous souhaitez rapidement progresser dans l'océan de la vie.

199. Les ventilateurs doivent être rangés lorsque le vent souffle. Les prières et pénitences doivent être mises de côté lorsque la grâce de Dieu descend parmi nous.

Les Proverbes de Râmakrishna : 200-299

200. Les cultes et les sectes ne comptent guère. Que tout le monde exécute avec foi les dévotions et pratiques de sa croyance. La foi est le seul moyen d'arriver jusqu'à Dieu.

201. Celui qui a la foi, a tout ; et celui qui désire la foi, désire tout.

202. Les guérisseurs indiens de la foi recommandent à leurs patients de répéter avec conviction les mots suivants : « Il n'y a pas de maladie en moi, il n'y a pas de maladie du tout. » Le patient répète cette phrase, et puisqu'il la nie mentalement, la maladie s'envole. Si vous vous pensez moralement faible et sans bonté, vous allez réellement le devenir sous peu de temps. En revanche, si vous être intimement persuadé d'avoir un immense pouvoir, le pouvoir viendra à vous.

203. Bhagavân Srî Râmakandra devait construire un pont au-dessus de l'océan, de façon à pouvoir traverser jusqu'à Lamkâ (Ceylon). Mais Hanumân, son fidèle singe-serviteur, traversa l'océan d'un seul bont grâce à la fermeté de sa foi en Râma. Ici, le serviteur a réalisé plus que son maî-tre, simplement par la force de sa foi.

204. Un homme voulait traverser une rivière. Un sage lui donna une amu-lette et dit : « Elle te transportera de l'autre côté. » L'homme la prit dans sa main et se mit à marcher sur les eaux. Lorsqu'il atteint le milieu de la rivière, la curiosité entra dans son cœur et il ouvrit l'amulette pour voir ce qu'elle contenait. Il trouva, écrit sur un morceau de papier, le nom sacré de Râma. L'homme, interloqué, dit alors : « Est-ce là le seul secret » A peine avait-il finit sa question qu'il tomba à l'eau. Il est la foi en le nom du Seigneur qui opère des miracles — car la foi est la vie, et le doute est la mort.

205. Question. Comment puis-je prouver ma dévotion alors que je dois toujours penser à gagner mon pain quotidien Réponse. Celui pour qui tu travailles répondra à tes besoins. Dieu, avant de t'avoir envoyé ici, a fait des provisions pour te féliciter de ton soutien.

208. Question. Quand serai-je libre Réponse. Quand ton Ego (égoïsme) disparaîtra et que tu fusionnera avec la Divinité.

207. De toutes les myriades de cerfs-volants faits pour voler dans les airs, seulement un ou deux se détachent des autres et s'envolent au loin, libres. De même, sur des centaines de Sâdhakas, seuls un ou deux échapperont

aux obligations mondaines.

208. Tout comme un morceau de plomb, jeté dans un bassin de mercure, est rapidement dissous ; l'âme humaine perd son existence individuelle dès lors qu'elle tombe dans l'océan de Brâhma.

209. Question. En quoi consiste la méthode de prédication religieuse employée de nos jours Réponse. Inviter des centaines de personnes à dîner, alors qu'il n'y a de nourriture que pour une seule.

210. Au lieu de prêcher auprès d'autres, contentons-nous de vénérer Dieu, cela fait office de prédication. Celui qui cherche à être libre est le vrai prédicateur. Des centaines viennent, d'on ne sait d'où, voir celui qui est libre, et ce dernier leur enseigne ce qu'il sait. Quand une fleur s'ouvre, les abeilles viennent de tous les côtés, sans y être invitées.

211. As-tu eu, ô prédicateur, l'insigne de l'autorité Tout comme l'humble sujet qui porte l'insigne du roi est entendu avec respect et crainte, et peut réprimer l'émeute en montrant son badge ; il te faut aussi, ô prédicateur, obtenir d'abord l'ordre et l'inspiration de Dieu. Tant que tu n'as pas cette inspiration, tu auras beau prêcher toute ta vie, ce ne sera qu'une perte de souffle.

212. Le seul véritable « homme » est celui illuminé par la Lumière Spirituelle.

213. Une âme enchaînée est « homme » ; celle libre est « Shiva » (Dieu).

214. Le côté le plus lourd d'une balance descend tandis que le plus léger s'élève. De même, celui qui est accablé par trop de soucis et d'angoisses descend dans le monde, tandis que celui qui a moins de problèmes monte vers le Royaume des Cieux.

215. Dieu est présent dans tous les hommes, mais tous les hommes ne

sont pas présents en Dieu : c'est la raison pour laquelle ils souffrent.

216. Il y a deux sortes d'hommes. Le Guru dit à un de ses disciples : « Ce que je te donne, mon cher, est inestimable ; garde-le pour toi », et le disciple obéit. Mais lorsque le Guru transmis sa connaissance à un autre de ses disciples, celui-ci, sachant sa valeur inestimable, jugea qu'il ne devait pas être le seul à en profiter et, se positionnant en hauteur, commença à déclarer à tout le peuple ce qu'il avait appris. Les Avatâras sont semblables à ce deuxième disciple, tandis que les Siddhas sont semblables au premier.

217. Aucun homme n'entreprend un jeûne de la même façon. Certains se nourrissent à 9 heures, d'autres à midi, d'autres à 14 heures, et d'autres durant la soirée. De même, à un moment ou un autre, dans cette vie ou après de nombreuses vies, tous verront Dieu.

218. Lorsqu'un fruit devient mûr et tombe, il a un goût très doux ; mais quand un fruit est cueilli prématurément puis porté à maturation artificiellement, il est tout ratatiner et n'a pas un goût aussi doux. De même, quand on a atteint la perfection, le respect des distinctions sociales tombe, mais tant que cette connaissance exaltée n'est pas atteinte, ces distinctions sont bien visibles.

219. Quand une tempête éclate, il est impossible de distinguer un arbre Asvattha (pippal) d'un arbre Vata (banian). Lorsque la tempête de la vraie connaissance (la connaissance d'une existence universelle) éclate, il ne peut y avoir aucune distinction sociale.

220. Quand une blessure est parfaitement guérie, l'escarre tombe d'elle-même ; mais si la croute être retiré plus tôt, la plaie recommence à saigner. De même, lorsqu'un homme atteint la connaissance parfaite, toute distinction sociale s'efface de lui ; en revanche, il est mauvais pour les ignorants de briser cette distinction.

221. Question. Est-ce juste de conserver le « fil de Brâhman » Réponse.

Lorsque la connaissance de soi est obtenue, tous les remparts tombent. Il n'y a alors plus de distinction entre Brâhmana et Sûdra, entre classe sociale élevée ou basse. Dans ce cas, le fil qui délimite les classes sociales s'efface de lui-même. Mais tant qu'un homme a conscience de cette distinction et de cette différence, il ne doit pas l'ignorer.

222. Question. Pourquoi ne participez-vous pas la vie de famille avec votre femme Réponse. Le Dieu Kârtikeya, le chef de l'armée Céleste, gratta un jour un chat avec son ongle. De retour chez lui, il constata qu'il y avait une griffure sur la joue de sa Mère. Voyant cela, il lui demanda : « Ma chère mère, comment vous êtes-vous fait cette blessure », ce à quoi La Dééesse Durgâ répondit : « Mon enfant, il s'agit de ton propre ouvrage — l'entaille créée par ton propre clou ». Kârtikeya, interloqué, dit : « Mère, comment cela est-il possible Je ne me souviens pas t'avoir blessée ! » La Mère demanda : « Chéri, as-tu oublié avoir griffé un chat ce matin ? » Kârtikeya répondit : « Oui, j'ai griffé un chat ; mais comment se fait-il que votre joue porte la même marque » La Mère expliqua : « Cher enfant, rien n'existe dans ce monde, à part moi. Je suis toute la création. Quand tu blesses quelqu'un, c'est moi que tu blesses. » Kârtikeya fut très surpris de la nouvelle, et voua en ce jour de ne jamais se marier. Qui pourrait-il épouser Chaque femme était sa mère. Je suis comme Kârtikeya. Je considère chaque femme comme ma Mère Divine.

223. Quand je considère les femmes chastes de familles respectables, je vois en elles la Mère Divine, vêtue de l'habit d'une dame chaste ; et, quand je regarde les femmes publiques de la ville, assises dans leurs vérandas ouvertes, revêtues de leur costume d'immoralité et d'impudeur, je vois également en elles la Mère Divine, simplement d'une manière différente.

224. L'électricité illumine divers endroits avec des intensités différentes. Mais l'origine de cette lumière, à savoir le gaz, vient d'un seul et même réservoir commun. De même, les enseignants religieux, qu'importe leur région d'origine ou leur âge, sont comme des lampadaires à travers lesquels est émise la lumière de l'esprit — une lumière qui coule constamment d'une

seule source : le Seigneur Tout-Puissant.

225. L'eau de pluie, amassée en haut d'une maison, peut être évacuée par des tuyaux possédant une embouchure en forme de tête de tigre, vache, taureau, etc. Mais cette eau n'appartient pas à ces tuyaux, elle nous vient du ciel. Il en est de même pour les saints Sâdhus, qui transmettent dans ce monde, via leurs bouches, les vérités éternelles et célestes du Tout-Puissant.

226. Les cris des chacals se ressemblent tous. Les enseignements faits à tous les sages du monde sont essentiellement les mêmes.

227. Toutes les sources de bonheur dans ce monde contiennent un peu de jouissance divine en elles. La seule différence est la même qu'entre des bonbons raffinés ou pas.

228. Celui qui se mêle des affaires des autres en oublie ses propres affaires, extérieures et intérieures (c'est-à-dire qu'il ne pense pas à son propre Soi, mais à ceux des autres).

228. Quand l'esprit adopte de mauvais penchants, il est semblable à un Brâhmana d'une classe sociale élevé, vivant dans les quartiers réservés aux classes basses ; à un gentleman se promenant dans les mauvais quartiers de la ville.

230. Lorsqu'un homme voit un plaideur, il s'interroge naturellement sur les causes et conséquences ; de même, en voyant un pieux disciple, l'homme se souvient de son Dieu et de l'au-delà.

231. *Question.* Quelle est la raison pour laquelle un Prophète n'est pas honoré par ses propres parents. *Réponse.* Les parents d'un bateleur ne le force pas à démontrer ses performances, tandis que des étrangers, eux, sont attentifs à ses tours magnifiques.

232. Les graines de Vagravântula ne tombent pas au pied de l'arbre. Elles

s'échappent de la coquille, atterrissent loin de l'arbre et prennent racine. De même, l'Esprit d'un Prophète se manifeste à distance, et il est apprécié de là où il se trouve.

233. Alors qu'une lampe éclaire les objets environnants, il y a toujours une ombre en dessous d'elle. De même, l'homme qui se trouve juste à côté d'un prophète ne comprend pas ce dernier. En revanche, ceux qui vivent loin de lui sont charmés par son esprit et sa puissance extraordinaire.

234. Les eaux d'un courant rapide s'écoulent en rond et en tourbillons, mais une fois ce passage traversé, ceux-ci reprennent leur ancien cours. De même, le cœur d'un pieux peut parfois être submergé par les tourbillons de découragement, de chagrin et d'incrédulité ; mais ce n'est que momentané. Cela ne dure jamais longtemps.

235. Un arbre chargé de fruits penche toujours vers le bas. De même, si tu souhaites être puissant, soit faible et doux.

236. Sur une balance, le côté le plus lourd descend, alors que le plus léger monte. De même, l'homme de mérite et de capacité est toujours humble, mais le fou est toujours rempli de vanité.

237. La colère du bien est comme une ligne tracée sur la surface de l'eau : elle ne dure guère longtemps.

238. Si un tissu blanc est taché d'un minuscule point noir, cela paraît très laid en raison du contraste ; de même, la plus petite faute commise par un saint homme est douloureusement évidente, due à sa pureté.

239. La lumière du soleil est toujours la même, partout où elle tombe sur Terre ; mais les surfaces lumineuses comme l'eau, les miroirs, les métaux polis, etc., peuvent la refléter. Semblable est la Lumière Divine. Elle tombe également et impartialement sur tous les cœurs, mais seuls les cœurs purs, bons et saints des Sâdhus peuvent la refléter.

240. Lorsque l'on place du mercure sur un panneau de verre, on peut voir son visage se refléter. Similairement, l'image du Tout-Puissant se reflète dans le cœur chaste d'un homme totalement abstinent.

241. Tant que l'on ne devient pas simplet comme un enfant, on ne peut pas atteindre l'illumination Divine. Oublie toutes les connaissances mondaines que tu as acquises, et deviens aussi ignorant qu'un enfant, et tu recevras alors la connaissance Véritable.

242. Les almanachs hindous contiennent des prévisions concernant la pluviométrie annuelle. Mais presser les pages du livre entre elles, et pas une goutte d'eau n'en sortira. De même, de nombreux proverbes sont présents dans les livres, mais une simple lecture ne rend pas religieux. Il faut pratiquer les vertus qui y sont enseignées.

243. Question. Pourquoi les religions dégénèrent-elles Réponse. L'eau de pluie est pure, mais devient impure en fonction du support sur lequel elle se pose. Si le toit et les tuyaux sont sales, l'eau deviendra sale par leur faute.

244. L'argent peut uniquement permettre l'achat de pain et de beurre. Ne considérez donc pas votre seul but de vous en procurer.

245. En frottant l'or et le laiton sur une pierre de touche, on révèle leur vraie valeur ; de même, on peut distinguer un Sâdhu sincère d'un hypocrite lorsqu'ils entrent en contact avec la pierre de la persécution et de l'adversité.

246. Avant de devenir un acier de qualité, le fer doit être chauffé à plusieurs reprises, puis martelé. Alors seulement il est possible de le transformer en une épée tranchante, car il peut être plié comme souhaité. De même, un homme doit être chauffé à plusieurs reprises dans la fournaise des tribulations, puis martelé avec les persécutions du monde, avant qu'il ne devienne pur et humble.

247. Reste toujours fort et inébranlable dans ta foi, mais évite tout fana-

tisme et intolérance.

248. Ne sois pas comme une grenouille dans un puit. Celle-ci ne connait rien de plus grand que son puit. Les fanatiques sont semblables : ils sont incapables de voir au-delà de leurs propres croyances.

249. Il y avait un homme qui adorait Siva, mais détestait toutes les autres divinités. Un jour, Siva lui apparut et déclara : « Je ne serai jamais satisfait de toi, tant que tu haïras les autres dieux. » Mais l'homme était borné. Après quelques jours, Siva lui apparut de nouveau, cette fois sous l'apparence de Hari-Hara (un côté de son corps était Siva, et l'autre côté Vishnu). Face à cela, l'homme fut à la fois heureux et mécontent. Il posa ses offrandes du côté représentant Siva, et n'offrit rien au côté représentant Vishnu. Et quand il offrit l'encens à son Dieu bien-aimé (Siva), audacieux, il prit soin d'appuyer sur la narine de Vishnu, l'autre moitié d'Hari-Hara, de peur que le parfum ne soit agréable à Vishnu. Le voyant toujours aussi buté, le Dieu Siva fut cruellement déçu de lui et disparu soudain de sa vue. Mais l'homme était plus intrépide que jamais. Cependant, les enfants du village commencèrent à le taquiner en prononçant le nom de Vishnu dans son oreille. Contrarié de cette attitude, l'homme accrocha deux cloches à ses oreilles — des cloches qu'il faisait sonner dès que les garçons se mettaient à crier le nom de Vishnu, afin d'éviter que le son n'entre dans ses oreilles. Ainsi, il devint connu sous le nom d'Oreille-en-Cloche, ou Ghantâ-karna. Il est encore tellement haï pour son fanatisme que, chaque année, à une certaine période, les garçons du Bengal détruisent son effigie avec un bâton — c'est tout ce qu'il mérite.

250. Une jeune femme de famille montre son amour et son respect à son beau-père, belle-mère, et tous les autres membres de la famille ; tout en montrant son amour à son mari. De même, soit ferme dans ta dévotion à la Divinité de ton choix (Ishta-Devatâ), mais ne méprise pas les autres Déités, honore-les toutes.

251. Un homme réellement religieux doit penser que les autres religions

sont également des chemins menant à la vérité. Nous devons toujours considérer les autres religions avec respect.

252. La différence entre le Brâhmaisme moderne et l'Hindouisme est la même qu'entre une seule note de musique et une mélodie dans son ensemble. Les Brâhmas modernes se contentent de la seule note de Brahman, alors que la religion hindoue est composée de plusieurs notes formant une harmonie douce et mélodieuse.

253. Il y a quelques années, quand les Hindous et les Brâhmas prêchaient leurs religions respectives avec une véritable ferveur et un grand zèle. Quelqu'un demanda alors à Bhagavân Srî Râmakrishna son opinion sur les deux parties, ce à quoi il répondit : «je vois que ma Mère Divine fait son travail dans les deux parties».

254. Hari (de «hri», voler) signifie «Celui qui vole nos cœurs», et Haribala signifie «Hari est notre force.»

255. Les imperfections du mercure ne peuvent être dissimulées. (Quand un homme prend du calomel, il est certain que cela se verra, tôt ou tard, sous la forme d'éruptions sur la peau.)

256. Les larmes de repentance et les larmes de bonheur s'écoulent des deux différents coins de l'œil. Les larmes de repentance s'écoulent du côté proche du nez, et celles de bonheur de l'autre extrémité.

257. Ne visitez pas les guérisseurs miracle. Ils sont des vagabonds qui se sont éloignés de la voie de la vérité. Leurs esprits sont empêtrés dans les mailles des pouvoirs psychiques, qui se trouvent sur le chemin de pèlerinage vers Brahman, comme des tentations. Méfiez-vous de ces pouvoirs, et ne les désirez pas.

258. Un homme, après quatorze années d'ascétisme extrême dans une forêt solitaire, obtint enfin le pouvoir de marcher sur l'eau. Comblé de

cette acquisition, il alla voir son gourou, et lui fit part de ce grand exploit. Ce à quoi le Maître répondit : « Mon pauvre garçon, ce que tu as accompli après quatorze ans de travail ardu, les hommes ordinaires le font en payant un batelier. »

259. Un jeune disciple de Srî Râmakrishna acquis un jour le pouvoir de lire le cœur des autres. Quand il raconta cette expérience à son Maître, celui-ci le réprimanda : « Honte à toi, mon enfant, de gaspiller ton énergie sur ces petites choses. »

260. Un blanchisseur conserve un grand nombre de vêtements et possède une riche garde-robe, mais tout cela ne lui appartient pas. Dès que les vêtements sont lavés, sa garde-robe se vide. Les hommes incapables de penser par eux-mêmes sont comme le blanchisseur.

261. La cupidité entraine le malheur, tandis que le contentement est source de bonheur. Un jour, un barbier passait sous un arbre hanté, lorsqu'il entendit une voix l'interpeler : « Accepterais-tu sept bocaux d'or ». Le barbier regarda autour de lui, mais ne vit personne. La voix mystérieuse répéta ses mots, et la cupidité du barbier, grandement attisée par l'offre spontanée, celui-ci dit : « Quand Dieu miséricordieux est assez bon pour avoir pitié d'un pauvre barbier comme moi, comment pourrais-je ne pas accepter une l'offre si généreuse » La réponse vint immédiatement : « Rentre chez toi, j'y ai déjà fait porter les bocaux. » Le barbier courut en hâte jusque chez lui et trouva les bocaux, comme promis. Il leur ouvrit, les uns après les autres, et constat qu'ils étaient tous remplis, sauf un qui ne l'était qu'à moitié. Le désire de compléter ce dernier bocal naquit dans le cœur du barbier. Il vendit alors tous ses ornements en or et en argent, puis les convertit en pièces de monnaie, qu'il jeta dans le bocal. Mais le bocal resta vide. Il commença alors à priver sa famille de nourriture, vivant désormais insuffisamment et grossièrement, jetant toutes ses économies dans le bocal. Mais celui-ci demeura tout aussi vide. Le barbier demanda ensuite au roi d'augmenter son salaire, car celui actuel n'était plus suffisant pour subvenir à ses besoins et à ceux de sa famille. Comme il était un favori du roi, celui-ci accepta

sa demande. Le barbier continua de jeter chacun de ses revenus et de ses émoluments dans le bocal, mais il ne remplissait toujours pas. Il commença alors à mendier, plus malheureux et misérable que jamais. Un jour, le roi voyant sa triste situation, lui demanda : « Bonjour ! Quand ton salaire était moitié moindre que maintenant, tu étais beaucoup plus heureux, joyeux et en bonne santé ; mais avec un salaire doublé, je te vois morose, usé, et abattu. Quel est le problème As-tu accepté les sept bocaux d'or » Le coiffeur, surpris, joins ses mains et demanda au roi qui avait informé sa majesté à ce sujet. Le Roi répondit : « Quiconque accepte les richesses d'un Yaksha est certain de se trouver dans une situation abjecte et misérable. Je suis sûr de cela. Débarasse-toi de tout l'argent. Tu ne peux pas en dépenser un sou. Cet argent est destiné à être thésaurisé, pas dépensé. » Le barbier retrouva ses esprits et, suivant ce conseil, se rendit à l'arbre hanté : « O Yaksha, reprends ton or ». Il rentra ensuite chez lui et constata que les sept bocaux avaient disparus, emportant avec eux les économies d'une longue vie. Néanmoins, après cela, le barbier recommença à vivre heureux.

262. Il est très agréable de gratter une teigne, mais la sensation qui suit est très douloureuse et insupportable ; de même, les plaisirs mondains sont très agréables au début, mais leurs conséquences sont terribles à contempler.

263. Question. A quoi ressemble le monde Réponse. Il est comme un fruit Âmlâ, avec une peau et un noyau, mais très peu de pulpe, car la consommation de celui-ci produit des coliques.

264. Aussi fort que l'avare désire l'or, ton cœur dois palpiter pour Lui.

265. Tant que l'étendue céleste du cœur est troublée et perturbée par les rafales du désir, il y a peu de chances pour qu'elle accueille la luminosité de Dieu. La vision béatifique ne se manifeste que dans un cœur calme et touché par la communion divine.

266. Un miroir souillé ne reflète jamais les rayons du soleil, et ceux dont le cœur est impur, souillé et soumis à Mâyâ (illusion) ne perçoivent pas

la magnificence du Bhagavân (le Vénérable). Mais un cœur pur, lui, voit le Seigneur, comme un miroir propre reflète le soleil. Alors soyez saints.

267. Sur une surface troublée des eaux, la lune brille par images fracturées. De même, dans l'esprit instable d'un homme plongé dans Mâyâ, le Dieu parfait ne brille que sous une lumière partielle.

268. Pourquoi un Bhakta (quelqu'un rempli d'amour pour Dieu) est prêt à tout abandonner pour l'amour de Dieu Un insecte sort de l'obscurité dès qu'il aperçoit de la lumière ; la fourmi meurt au milieu de la mélasse, et ne la quitte jamais. De même, un Bhakta voue fidélité à son Dieu pour toujours, et abandonne tout derrière lui.

269. Comme on peut grimper au sommet d'une maison grâce à une échelle, un bambou, un escalier ou une corde ; divers sont également les moyens d'approcher Dieu, et chacune des religions de ce monde possède son propre moyen.

270. Si Dieu est Omniprésent, pourquoi ne le voit-on pas Debout près du rebord d'une piscine abondamment remplie d'écume et de mauvaises herbes, vous direz qu'elle ne contient pas d'eau. Si vous désirez voir l'eau, il faut enlever l'écume de la surface. Si vos yeux sont recouverts par la pellicule de Mâyâ, vous vous plaignez de ne pas pouvoir voir Dieu. Si vous souhaitez Le voir, retirer simplement cette pellicule de vos yeux.

271. Pourquoi ne peut-on pas voir la Mère Divine Elle est comme une grande dame effectuant ses affaires depuis l'arrière d'un écran, voyant tout, mais vue par aucun. Ses fils disciples ne peuvent La voir qu'en allant près d'Elle, derrière l'écran de Mâyâ.

272. Ne vous disputez pas. Soyez ferme dans votre foi, permettez aux autres d'avoir cette même liberté de croire en leurs propres croyances. Une dispute vous empêchera d'arriver à convaincre les autres de leurs erreurs. Lorsque la grâce de Dieu descendra en chacun de nous, tout le monde

comprendra ses propres erreurs.

273. Un laboureur passait sa journée à arroser un champ de canne à sucre. Une fois la tâche achevée, il remarqua que pas une goutte d'eau n'avait pénétré la terre du champ ; toute l'eau avait disparu sous terre à travers plusieurs grands trous, creusés par des rats. Semblable est l'état du disciple qui adore Dieu, tout en chérissant secrètement dans son cœur les désirs et ambitions du monde (gloire, plaisirs et confort). Bien qu'effectuant quotidiennement sa prière, il ne fait aucun progrès, car toute la dévotion du monde est inutile si elle disparait dans les trous creusés par les désirs. Et à la fin de sa vie de dévouement, le disciple est le même homme qu'avant, et n'a pas progresser du tout.

274. Reste à l'écart de ceux qui se moquent de ton dévouement, et de ceux qui ridiculisent la piété et le pieu.

275. Est-il bon de créer des sectes (Ici, un jeu de mots sur « Dal », qui signifie à la fois « secte » et « parti », ainsi que « la croissance sur la surface d'une mare stagnante. ») Le 'Dal' ne peut pas se développer dans un courant d'eau : il ne pousse que dans les eaux stagnantes des petites mares. Celui dont le cœur aspire ardemment après la Divinité n'a pas de temps à consacrer à autre chose. Celui qui cherche la gloire et l'honneur, forme les sectes (Dal). (Cf. 105.)

278. Les Vedas, Tantras et Purânas, ainsi que toutes les écritures sacrées au monde, sont devenues comme souillées (tout comme de la nourriture crachée hors de la bouche devient polluée), parce qu'elles ont été répétées de nombreuses fois. Mais le Brahman, ou l'Absolu, n'a jamais été souillée, car personne n'a encore su Le décrire en utilisant la parole.

277. La parabole d'un Brahman et son serviteur de basse classe sociale :

Dès que Mâyâ est découverte, elle disparait. Un jour, un prêtre s'était rendu dans le village d'un disciple, sans serviteur avec lui. Sur le chemin, aper cevant un cordonnier, il s'adressa à lui : « Bonjour ! Brave homme, veux-tu m'accompagner, en tant que serviteur Tu dîneras bien et tu seras pris en charge, vient. » Ce à quoi le cordonnier répondit : « Monsieur le révérend, je suis de la classe la plus basse, comment puis-je être votre serviteur » Le prêtre dit : « Cela n'a pas d'importance. Ne dit à personne ce que tu es, ne parle ni ne fait connaissance avec qui que ce soit », et le cordonnier accepta. Au crépuscule, tandis que le prêtre faisait sa prière dans la maison de son disciple, un autre Brahman entra et s'adressa au serviteur du prêtre : « Ami, apporte-moi mes chaussures. » Le serviteur, respectant sa parole, n'offrit aucune réponse. Le Brahman répéta l'ordre, mais le serviteur resta silencieux. Le Brahman se répéta encore et encore, mais le cordonnier ne bougea pas d'un millimètre. Finalement, agacé, le Brahman dit avec énervement : « Sirrah ! Comment oses-tu ne pas écouter un ordre de Brahman ! Quel est ta caste N'es-tu pas un cordonnier » Le cordonnier, en entendant ces mots, commença à trembler de peur et lança un regard douloureux au prêtre : « Oh vénérable Monsieur, Oh vénérable Monsieur ! On m'a reconnu. Je ne peux rester ici un instant de plus, je dois partir. » Et il s'enfuit.

278. Quelle est la relation entre Gîvâtman et Paramâtman, le Self personnel et le Self Suprême Lorsqu'une planche de bois est posée sur un courant d'eau, l'eau semble être divisée en deux. Similairement, les limitations (upadhi) de Mâyâ parviennent à diviser l'indivisible. En vérité, les deux Selfs ne font qu'un.

279. Il y a peu de chance qu'un navire dévie de sa route, pour autant qu'il s'aide des points cardinaux. De même, si l'esprit de l'homme (la boussole du navire de la vie) est toujours tourné vers le Parabrahman, sans oscillation, il évitera tous les dangers.

280. L'Avadhûta vit un cortège nuptial traverser une prairie en grande pompe, accompagné du battement des tambours et des trompettes. Sur le côté de la route qu'empruntait la procession, il vit également un chasseur, profondément concentré à viser un oiseau, et parfaitement inattentif au bruit emis par la procession, n'accordant pas un regard à celle-ci.

L'Avadhûta, saluant le chasseur, dit : « Monsieur, vous êtes mon Guru. Pendant ma méditation, puisse mon esprit être aussi concentrer sur son objet de méditation, que vous l'avez été sur l'oiseau. »

281. Un pêcheur était en train de pêcher sur le bord d'un étang. L'Avadhûta s'approcha de lui et demanda : « Mon frère, quel chemin mène à tel ou tel endroit » Le flotteur, relié à la cane à pèche, indiquait à ce moment-là que le poisson avait attrapé l'appât : alors l'homme ne répondit pas, mais accorda toute son attention à sa canne à pêche. Une fois le poisson capturé, il se tourna et répondit : « Qu'avez-vous dit, monsieur » L'Avadhûta le salua et dit : « Monsieur, vous êtes mon Guru. Durant ma contemplation du Paramâtman, permettez-moi de suivre votre exemple, et de ne rien laisser me perturber avant que mes dévotions soient achevées. »

282. Un héron se déplaçait lentement pour attraper un poisson. Derrière, il y avait un chasseur le visant d'une flèche ; mais l'oiseau était totalement ignorant de ce fait. Le Avadhûta, saluant le héron, dit : « Je suivrai ton exemple lorsque je méditerai : je ne me tournerai jamais pour voir qui est derrière moi. »

283. Un cerf-volant avec un poisson dans son bec était suivi par une foule d'autres cerfs-volants et de corbeaux, qui le picoraient et poussaient des cris stridents, essayant d'arracher le poisson. Qu'importe la direction suivie, la foule de cerfs-volants et de corbeaux suivait, poussant des cris perçants et croassant. Ennuyé de ce désagrément, le cerf-volant lâcha le poisson, qui fut instantanément attrapé par un autre cerf-volant ; et la foule de cerfs-volants et de corbeaux transféra alors son attention vers le nouveau propriétaire du poisson. Le premier cerf-volant, désormais en paix, alla calmement se poser sur la branche d'un arbre. En voyant le calme et la tranquillité de l'oiseau, l'Avadhuta le salua et dit : « Vous êtes mon Guru, Oh Kite ; car vous m'avez enseigné que, tant que l'homme ne se débarrasse pas du fardeau des désirs de ce monde, il ne peut pas être en paix avec lui-même. »

284. Le Guru humain chuchote la formule sacrée au creux de l'oreille ; le

Divin Gourou souffle l'esprit à l'intérieur de l'âme.

285. Si tu veux réussir à enfiler un fil à travers une aiguille, fait en sorte que le fil soit pointu, et enlève toutes les petites fibres qui dépassent. Le fil va alors facilement entrer dans le chas de l'aiguille. De même, si tu désires consacrer ton cœur à Dieu, soit doux, humble, pauvre d'esprit et supprimer tous les filaments du désir.

286. Un serpent habite dans un certain endroit. Un endroit que personne n'ose approcher, car ceux qui ont osé, ont été mordus instantanément et en sont mort. Un jour, un Mahâtman emprunta cette route et le serpent couru après le sage, afin de le mordre. Mais, quand le serpent approcha le saint homme, il perdit toute sa férocité et fut maîtrisé par la douceur du Yogi. Apercevant le serpent, le sage dit : « Eh bien, mon ami, pensais-tu me mordre » Le serpent, prit en embuscade, ne répondit pas. Le sage reprit alors : « Écoute, mon ami, ne blesse personne, à l'avenir. » Le serpent s'inclina et hocha la tête. Le sage reprit son chemin et le serpent rentra dans son trou, et dès lors commença à vivre une vie d'innocence et de pureté, sans tenter de faire de mal à qui que ce soit. Dans les jours qui suivirent, tout le quartier s'imagina que le serpent avait perdu son venin, et n'était donc plus dangereux, et ils commencèrent à le taquiner. Certains lui jetèrent des objets, d'autres le traînèrent sans pitié par la queue, et il n'y avait aucune fin à ses ennuis. Heureusement, le sage passa de nouveau par là et, voyant l'état meurtri du bon serpent, fut très touché et demanda la cause de sa détresse. Ce à quoi le serpent répondit : « Mon Saint monsieur, c'est parce que j'ai voué ne plus blesser personne, selon vos conseils. Mais hélas ! ils sont si impitoyables ! » Le sage di ten souriant : « Mon cher ami, je vous ai simplement suggéré de ne mordre personne, mais je ne vous ai pas dit d'arrêter de les effrayer pour autant. S'il est est vrai que vous ne devriez pas mordre quiconque, vous devez quand bien même les maintenir à une distance considérable en sifflant dans leur direction. » Similairement, si tu vies dans ce monde, assure-toi d'être craint et respecté. Ne fait de mal à personne, mais ne soit pas blessé par d'autres.

287. Un fois l'oiseau envolé, personne ne se soucie plus de la cage qui l'enfermait. Ainsi, lorsque la vie s'envole du corps, personne ne se soucie plus de la carcasse.

288. Comme une lampe ne peut brûler sans huile, un homme ne peut vivre sans Dieu.

289, 290. Un jour, un Brahman expérimenté se dirigea vers un roi sage et lui dit : « Écoute, ô roi, je suis bien versé dans les écritures saintes. Je souhaite t'enseigner le livre saint du Bhâgavata. » Le roi, qui était le plus sage des deux, savait bien qu'un homme qui a lu le Bhâgavata chercherait plus la connaissance de son propre Self, plutôt que l'honneur et la richesse dans la cour d'un roi. Il répondit : « Je vois, O Brahman, que vous ne maîtrisez pas parfaitement ce livre. Je vous promets de vous faire mon tuteur, mais aller d'abord apprendre l'écriture correctement. » Le Brahman s'en alla, pensant : « Comme le roi est fou de dire que je ne maîtrise pas bien le Bhâgavata, alors que je l'ai lu encore et encore pendant des années. » Cependant, il relit le livre avec attention et se représenta devant le roi. Celui-ci le renvoya, lui répétant la même chose que la première fois. Le Brahman était très vexé, mais réalisa que, peut-être, il y avait une explication à ce comportement. Il retourna chez lui, s'enferma dans son armoire, et se concentra profondément sur l'étude du livre. Les significations cachées commencèrent alors à apparaitre dans son esprit : la vanité de courir après les bulles, la richesse et l'honneur, les rois et les tribunaux, la richesse et la gloire ; tout disparu devant sa vision éclaircie. A partir de ce jour, il entreprit d'atteindre la perfection via le culte de Dieu, et ne revint jamais voir le roi. Quelques années plus tard, le roi repensa au Brahman et se rendit à sa maison. Voyant le Brahman rayonnant de la lumière divine et de l'amour, il tomba à genoux et déclara : « Je vois que vous avez réussi à décrypter le vrai sens des Écritures. Je suis prêt à être votre disciple, si vous l'acceptez. »

291. Tant qu'il n'y a pas de vent, nous devons nous éventer nous-mêmes pour atténuer la chaleur ; en revanche, lorsque la brise souffle, pour les riches et les pauvres, nous abandonnons nos éventails. Nous devons per-

sévérer afin d'atteindre notre objectif final, sans aide extérieure d'en haut ; mais si cette aide vient à vous, arrêtez alors de travailler et de persévérer.

292. Question. Où est Dieu Comment pouvons-nous allez jusqu'à Lui Réponse. Il y a des perles dans la mer, et il faut plonger toujours plus profondément pour les trouver. De même, Dieu est présent dans le monde, mais il faut persévérer pour réussir à le voir.

293. Comment l'âme reste-t-elle dans le corps De la même façon qu'un piston reste dans une seringue.

294. Au milieu de l'océan, un oiseau, perché sur la hune d'un navire, était fatigué de sa position et s'envola à la recherche d'un nouveau lieu de repos. Mais hélas ! il revient bredouille à son ancien perchoir sur la tête de mât, fatigué et épuisé. De même, Lorsqu'un aspirant ordinaire, déçu de la monotonie de sa tâche et de la discipline imposée par son bienveillant et expérimenté précepteur (Guru), vide de tout espoir et de confiance en soi, se lance dans le vaste monde en quête d'un nouveau conseiller, il est certain de finir par revenir vers son maître d'origine après sa recherche infructueuse. L'expérience aura cependant eu l'effet d'augmenter le respect que porte l'aspirant repentant à son maître.

295. Durant le mois de Juin, une jeune chèvre jouait près de sa mère, quand, avec un joyeux ton, lui dit qu'il voulait faire une fête de fleurs Râs, une espèce en abondance pendant le festival Râslîlâ. « Eh bien, ma chérie, » répondit la mère, « ce n'est pas aussi facile que vous semblez le penser. Vous devrez passer par de nombreuses crises, avant de pouvoir espérer vous régalez de fleurs Râs. L'intervalle de temps entre Septembre et Octobre n'est pas très propice, car quelqu'un pourrait vous attraper pour un sacrifice à la déesse Durga. Il vous faudra également survivre le temps de Kâlî-pûgâ, et si vous êtes assez chanceuse pour en réchapper, viendra alors le Gagaddhâtri-pûgâ, où presque tous les membres masculins survivants de notre tribu sont détruits. Si la chance est avec vous et que vous êtes sain et sauf après toutes ces crises, alors vous pourrez espérer faire une fête de

fleurs Râs, début Novembre.» Comme la chèvre de la fable, nous ne devrions pas nous hâter d'approuver toutes les aspirations de nos espoirs de jeunesse, mais plutôt nous souvenir des multiples crises que l'on a à passer tout au long de sa vie.

296. Une mouche se pose parfois sur une plaie impure du corps humain, d'autres fois sur les offrandes dédiées aux dieux. De même, l'esprit d'un homme mondain est parfois profondément dédié aux sujets religieux et, à d'autres, perdu dans les plaisirs de la richesse et de la luxure.

297. L'eau de pluie qui tombe sur le toit d'une maison goutte vers le sol par l'intermédiaire de tuyaux en forme de grotesque tête de tigre, et l'eau semble ainsi sortir de la bouche des tigres, alors qu'en réalité, c'est du ciel qu'elle descend. Semblables sont les saintes instructions qui sortent de la bouche des hommes pieux : elles semblent être prononcées par ces hommes, alors qu'en réalité, elles nous viennent du trône de Dieu. (Voir 225.)

298. Il est très difficile de ramasser les grains de moutarde qui s'échappent d'un paquet déchiré et se dispersent dans toutes les directions. De même, lorsque l'esprit humain tourne dans des diverses directions et est préoccupé par beaucoup de choses, il n'est pas aisé de se concentrer.

299. Tout comme les voleurs ne peuvent pénétrer dans la maison de personnes encore bien éveillés ; si vous êtes toujours sur vos gardes, aucun mauvais esprit ne sera en mesure de pénétrer votre cœur et de le dépouiller de sa bonté.

Les Proverbes de Râmakrishna : 300-395

300. Un veau nouveau-né est très vif, allègre et joyeux. Il saute et court à longueur de journée, s'arrêtant seulement pour boire du lait. Mais à peine la corde est-elle placée autour de son cou, qu'il commence à progressivement dépérir et, loin d'être joyeux, il affiche un air triste et désolé, au point qu'il ressemble alors presque à un squelette. Similairement, tant qu'un garçon

n'a pas conscience des affaires du monde, il est aussi joyeux que le jour est long. Mais lorsqu'il commence à assumer le poids des responsabilités d'un homme de famille, en acceptant les liens indissolubles du mariage, alors toute gaité le quitte, remplacée par la déjection, les soucis et l'anxiété. Il perd toute trace de bonne santé, et gagne progressivement des rides sur le front. Heureux est celui qui demeure un enfant toute sa vie, libre comme l'air du matin, frais comme une fleur nouvellement éclose, et pure comme une goutte de rosée.

301. Un bateau peut rester sur l'eau, mais l'eau ne doit en aucun cas pénétrer sur le bateau. Tout comme un aspirant peut vivre dans le monde, mais le monde ne doit pas vivre en lui.

302. Celui qui pense son guide spirituel un homme ordinaire, ne tirera aucun avantage de lui.

303. Ce que vous pensez devoir dire. Faites en sorte qu'il y ait une harmonie entre vos pensées et vos paroles ; autrement, si vous dites que Dieu est votre tout, alors que votre esprit a fait du monde son tout, vous ne pouvez en tirer aucun avantage.

304. Une jeune plante doit toujours être protégée des chèvres, des vaches et des petits oursins par une clôture. Mais lorsqu'elle devient un grand arbre, un troupeau de chèvres ou de vaches peut trouver refuge sous ses branches, et remplir leurs estomacs de ses feuilles. De même, quand vous avez peu de confiance en vous, vous devez vous protéger contre les mauvaises influences et contre la mondanité. Mais une fois que vous avez foi en vous-même, aucune mondanité ou mauvais penchant n'osera approcher votre sainte présence ; et beaucoup de ceux qui sont cruels deviendront pieux, par votre saint contact.

305. Si vous lavez le corps d'un éléphant puis le laisser aller à sa guise, il est certain qu'il se salira en un rien de temps ; mais si, après l'avoir lavé, vous l'attachez dans sa propre chambre, il restera propre. Similairement,

si vous devez pur d'esprit au contact de bonnes influences, puis allez vous mélanger librement aux hommes du monde, vous êtes alors certains de perdre cette pureté. Mais si vous maintenez votre esprit fixé sur votre Dieu, il ne sera jamais plus souillé.

306. D'où vient la force d'un aspirant De ses larmes. Comme une mère consent aux larmes de son enfant, Dieu accorde ses faveurs à l'aspirant.

307. Méditez sur Dieu — que ce soit dans un endroit inconnu, dans la solitude des forêts, ou dans votre propre esprit.

308. Chantez selon le doux nom de Hari (Dieu), tout en tapant des mains, cela vous procurera une certaine concentration mentale. Si vous tapez des mains, assis sous un arbre, les oiseaux sur les branches de celui-ci s'envoleront dans toutes les directions ; et quand vous chantez le nom de Hari et tapez dans vos mains simultanément, toutes les mauvaises pensées s'envoleront de votre esprit.

309, 310. Tout comme un même poisson peut être cuisiné dans une soupe, au curry, ou en côtelette ; le Seigneur de l'Univers, au travers d'une personne, se manifeste différemment selon les goûts de Ses adorateurs — et chacun d'eux a sa propre vision de Dieu, celle qu'il apprécie le plus. Pour certains, Il est un genre de maître ou d'un père aimant, une mère souriante et douce ou un ami pieux ; et, pour les autres, Il est un mari fidèle ou un fils dévoué et serviable.

311. Agenouille-toi et adorent là où d'autres avant toi l'ont fait, là où tant de cœurs ont payé le tribut de l'adoration, là où le roi Seigneur se manifestera, car Il n'est que miséricorde.

312. Il existe des hommes qui, bien qu'il n'y ait rien qui les attirer dans ce monde, créent des liens pour essayer de se rattacher à cette terre. Ils ne veulent pas et n'aiment pas être libre. Un homme qui n'a pas de famille dont prendre soin, pas de parents dont prendre des nouvelles, adopte générale-

ment un animal de compagnie—tel qu'un chat ou un singe, un chien ou un oiseau. Ainsi, il satisfait sa soif de lait en buvant du lactosérum. Telle est la puissance de Mâyâ ou Nescience sur l'humanité.

313, 314. Un patient, à cause d'une forte fièvre et de la déshydratation, imagine qu'il pourrait boire toute une mer d'eau ; mais, une fois guéri et une température normale retrouvée, il arrive à peine à finir une seule tasse d'eau, sa soif ainsi apaisée par une très petite quantité. De façon similaire, un homme, sous l'excitation fébrile de Mâyâ, oublieux de sa petitesse, imagine qu'il peut accueillir l'ensemble de la Divinité en son propre sein. Mais lorsque l'illusion meurt, un seul rayon de Lumière Divine est considéré comme suffisant pour l'inonder de béatitude divine et éternelle.

315. Un homme, sous l'influence d'une très forte fièvre et d'une soif excessive, est placé entre une rangée de cruches remplies d'eau froide et un ensemble de bouteilles remplies de sauces savoureuses. Est-il possible pour le patient, assoiffé et agité, de ne pas boire l'eau et de ne pas goûter aux sauces placées si près de lui, bien que cela ne ferait qu'aggraver son cas Le problème est le même pour un homme sous l'influence de ses sens, toujours actifs et trompeurs, lorsqu'il est placé entre de charmantes femmes d'un côté, et la richesse de l'autre. Il est alors difficile pour lui de se comporter correctement, il est susceptible de dévier du vrai chemin et, ainsi, d'empirer son cas.

316. Personne ne se risquerait à conserver du lait dans un récipient dans lequel du lait caillé s'était autrefois formé, de peur que l'opération ne se reproduise. De même, un navire ne peut pas être utilisé en toute sécurité à d'autres fins que pour le travail, de peur qu'il ne se fissure. Il est donc presque inutilisable. Un précepteur expérimenté ne confie pas à un homme mondain ses préceptes précieux et exaltants, car il est sûr que ceux-ci seront mal interprétés et abusés à des fins destructrices. Qui plus est, le précepteur ne confiera aucun travail utile à l'homme mondain, car celui-ci pourrait penser que l'on essaie de profiter de lui.

317. Quand une certaine quantité de lait pur est mélangée avec le double

de quantité d'eau, cela demande beaucoup de temps et de travail avant que le lait ne s'épaississe, jusqu'à atteindre la consistance du Kshîra (lait condensé). L'esprit d'un homme du monde est abondamment dilué dans l'eau sale des pensées mauvaises et impures, et beaucoup de temps et de travail sont nécessaires avant qu'il puisse être purifié et modelé en une consistance convenable.

318. Les vanités des autres peuvent progressivement mourir, mais la vanité d'un saint en ce qui concerne sa sainteté, elle, est difficile à effacer.

319. Parmi les grains de riz en train de cuire dans une poêle, les quelques-uns qui bondissent hors de celle-ci sont ceux qui sont frits à la perfection, car ils ne portent pas la moindre marque de coloration. Tandis que ceux frits dans la poêle sont certains d'avoir au moins une très légère marque de brûlure, due à la cuisson. Donc, parmi tous les bons disciples, les quelques-uns qui abandonnent le monde et partent loin de lui sont parfaits en tout point ; alors que, même le meilleur des disciples encore présent dans le monde, possède encore ne serait-ce qu'une petite imperfection dans son caractère.

320. Nous ne pouvons pas dire que Dieu est miséricordieux pour la simple raison qu'Il nous nourrit, car chaque père est tenu de fournir à ses enfants de la nourriture ; mais lorsqu'Il nous empêche de nous égarer et nous protège des tentations, Il est réellement plein de grâce.

321. Si vous pouvez détecter et identifier l'illusion universelle (ou Mâyâ), elle s'envolera alors loin de vous, comme un voleur fuyant lorsqu'il est découvert.

322. Le feu en lui-même n'a pas de forme définie mais, dans la braise, il prend certaines formes—le feu informe est alors soudainement doté de formes. De même, l'informe Dieu prend parfois possession de formes existantes.

323. Faut-il prier Dieu à haute voix Priez-le de la façon que vous souhaitez. Il est certain de vous entendre, car Il est capable d'entendre jusqu'au bruit de pas d'une fourmi.

324. Celui qui, par un simple apprentissage via les livres, tente de décrire Dieu, est comme l'homme qui tente de décrire Kâsî (Benares) au moyen d'une carte ou d'une photo.

325. Un homme avait commencé à creuser un puits, mais une fois arrivé à vingt coudées de profondeur, il ne trouva pas la moindre trace d'eau qui aurait pu nourrir son puit. Alors, il abandonna son travail et choisi un nouvel emplacement. Là, il creusa plus profondément, mais ne trouva toujours d'eau. Alors, il sélectionna de nouveau un autre endroit et creusa encore plus profondément qu'avant, en vain. Découragé et dégoûté, il renonça. La somme totale des profondeurs de ces trois puits équivalait environ à une centaine de coudées. S'il avait-il eu la patience de consacrer au premier puit ne serait-ce que la moitié du temps consacré à tous les autres, sans se déplacer d'un endroit à un autre, il serait sûrement arrivé à ses fins. Le problème est le même avec les hommes qui changent continuellement leurs opinions en ce qui concerne la foi. Afin de rencontrer le succès, nous devrions nous consacrer entièrement à un seul objet de la foi, sans douter de son efficacité.

326. Dans un grain de riz, le germe soit considéré comme la seule chose nécessaire (pour la germination et la croissance), tandis que l'enveloppe est considérée comme sans importance ; mais si un grain non décortiqué est mis dans le sol, il ne pourra pas germer et se transformera en une plante qui produira du riz. Pour obtenir une bonne culture, il faut que le semer la graine avec l'enveloppe ; mais si l'on veut obtenir une germination, il faut d'abord effectuer l'opération de retrait de l'enveloppe. De même, les rites et cérémonies sont nécessaires à la croissance et à la perpétuation d'une religion. Ils sont les récipients qui contiennent les semences de la vérité et, par conséquent, chaque homme doit les exécuter avant de pouvoir arrive à la vérité absolue.

327. L'huître qui contient la perle précieuse possède, en elle-même, très peu de valeur ; mais elle est tout de même essentielle à la croissance de la perle. La coque n'est plus d'aucune utilité pour l'homme, une fois la perle obtenue. Similairement, les cérémonies et les rites ne sont plus nécessaires pour celui qui a déjà atteint la Plus Haute Vérité : Dieu.

328. Un bûcheron menait une vie très misérable, avec les petits moyens qu'il pouvait se procurer en vendant tous les jours le bois trouvé dans une forêt voisine. Un jour, un Samnyâsin qui se frayait un chemin à travers la forêt, le vit travailler et lui conseilla de s'avancer dans les cavités intérieures de la forêt, lui faisant comprendre qu'il gagnerait au change. Le bûcheron suivit son conseil et avança jusqu'à ce qu'il aperçoive un arbre de bois de santal. Heureux, il emporta avec lui autant de branches de sandale qu'il pouvait transporter, les vendit sur le marché et en tira beaucoup d'argent. Puis il a commencé à se demander pourquoi le bon Samnyâsin ne lui avait rien dit à propos de l'arbre de sandale, réalisant qu'il lui avait simplement conseillé de s'avancer plus profondément dans la forêt. Alors, le lendemain, il s'avança encore plus loin que l'arbre de santal et constata la présence d'une mine de cuivre. Il prit avec lui le plus de cuivre possible, le vendit sur le marché et gagna beaucoup d'argent. Le lendemain, il ne s'arrêta pas à la mine de cuivre et poursuivit son chemin, comme le Sâdhu le lui avait conseillé, et tomba nez à nez avec une mine d'argent. Il prit avec lui tout ce qu'il pouvait transporter, et la vente lui rapporta encore plus d'argent. En procédant de cette façon quotidiennement, il découvrit des mines d'or et des mines de diamants, devenant petit à petit extrêmement riche. Le cas est le même pour un homme qui aspire à la vraie connaissance. S'il ne cesse pas sa progression une fois quelques pouvoirs extraordinaires et surnaturels acquis, il deviendra alors riche de connaissance éternelle de la Vérité.

329. Si vous enduisez vos paumes avec de l'huile avant d'ouvrir un jacquier, l'exsudation laiteuse du fruit ne collera pas à vos mains et ne vous ennuiera pas. Similairement, si vous vous fortifiez de la vraie connaissance du Soi Universel, puis partez vivre au milieu de la richesse et des femmes, ces derniers ne vous affecteront aucunement.

330. Celui qui veut apprendre à nager doit s'entrainer pendant plusieurs jours. Personne ne peut s'aventurer dans la mer après un seul jour de pratique. Donc, si vous souhaitez nager dans la mer de Brahman, vous devez faire de nombreuses tentatives infructueuses, avant d'y parvenir.

331. Quand un homme obtient-il son salut Lorsque son égoïsme meurt.

332. Quand une épine aiguisée se retrouve dans la plante d'un pied, il faut prendre une autre épine pour retirer la première, puis se débarrasser des deux. Donc, la connaissance relative peut éliminer l'ignorance relative qui aveugle l'œil du Self. Comme une telle connaissance et une telle ignorance ne sont vraiment constituées que sous Nescience, l'homme qui atteint le plus haut Gñâna (ou la connaissance de l'Absolu), supprime alors à la fois la connaissance et l'ignorance, étant lui-même exempt de toute dualité.

333. Pour boire de l'eau pure dans un étang peu profond, il ne faut pas troubler l'eau, mais plutôt délicatement la ramasser à la surface. Si cela se produit, alors les sédiments vont remonter et rendre l'ensemble de l'eau boueuse. Si vous désirez être pur, vous devez avoir une foi à toute épreuve, aller de l'avant avec vos pratiques de dévotion, et ne pas perdre d'énergie dans des discussions et des débats scripturaires inutiles. Le petit cerveau sera, autrement, confus.

334. Si ce corps est sans valeur et transitoire, pourquoi les hommes pieux et les disciples en prennent-ils autant soin Personne ne prend soin d'une boîte vide. N'importe qui protégerait attentivement un coffre rempli de bijoux précieux, d'or et d'articles coûteux. L'âme pieuse, elle, ne peut pas s'empêcher de prendre soin du corps dans lequel le Divin demeure, puisque l'ensemble de nos corps forment l'aire de jeux de la Divinité.

335. Un bambou souple peut être facilement plié ; mais les bambous plus anciens, eux, cassent lorsque l'on tente de les plier. Il est aisé d'orienter les jeunes cœurs vers le bien ; mais les cœurs âgés, eux, échappent à cette emprise quand trop pliés.

338. Le moteur d'une locomotive traîne facilement le train et ses wagons lourdement chargés. De même, les enfants aimants de Dieu, fermes dans leur foi et leur dévotion envers Lui, ne ressentent aucune difficulté à passer outre tous les soucis et les angoisses de la vie, entrainant avec eux beaucoup d'hommes jusqu'à Dieu.

337. Chaque homme doit suivre sa propre religion. Un chrétien doit suivre les croyances du Christianisme, un Mohammédan doit suivre les croyances du Mohammédanisme, et ainsi de suite. Pour les Hindous, l'ancien chemin (le chemin des Aryan Rishis), est le meilleur à suivre.

338, 339. Il est le seul et unique homme à être illuminé par la lumière de la vraie connaissance. Les autres ne sont des hommes qu'en apparence.

340. L'aiguille aimantée pointe toujours vers le Nord, et c'est grâce à cela qu'un navire à voiles ne perd pas son cap. Tant que le cœur d'un homme est orienté vers Dieu, il ne peut pas se perdre dans l'océan de la mondanité.

341. Les jeunes filles des villages d'Inde portent sur leurs têtes quatre ou cinq pots d'eau, placés les uns sur les autres, tout en parlant sur le chemin de leurs joies et leurs peines – le tout, sans laisser aucune goutte se renverser. Celui qui voyage sur le chemin de la vertu doit adopter le même comportement. Qu'importe les circonstances qui s'imposent à lui, il doit faire attention à ce que son cœur ne dévie jamais du droit chemin.

342. Dans les expositions théâtrales qui montrent la vie et les exploits de Krishna, la performance commence avec le battement des tambours et le chant «O Krishna, vient; vient, O chère Krishna.» Mais la personne qui joue le rôle de Krishna ne paie aucune attention au bruit et à l'agitation, et continue avec complaisance de bavarder et fumer dans la salle derrière la scène. Mais dès que le bruit cesse, et que le sage et pieux Nârada entre sur la scène, sur une musique douce et lente, il appelle Krishna à le rejoindre, avec un cœur débordant d'amour. Krishna ne peut alors plus rester indifférent, et arrive en hâte sur à la scène. Similairement, tant qu'un disciple

pleurera « Viens, ô Seigneur ; viens, ô Seigneur », sa prière n'étant que verbale, le Seigneur ne viendra pas. Mais lorsque le Seigneur vient, le cœur du disciple sera alors submergé d'émotion divine, et ses appels cesseront à jamais. Le Seigneur ne peut tarder à venir lorsqu'un homme L'appelle, le cœur débordant d'amour profond et de dévotion.

343. Il n'y a pas de chemin plus sûr et plus lisse que celui de ba-kalamâ. Ba-kalamâ signifie « abandonner la volonté du Tout-Puissant », ne pas avoir conscience que tout est « mien ».

344. Qu'est-ce que la confiance absolue C'est cet état de confort et de bonheur ressenti par un travailleur fatigué, lorsqu'il s'adosse contre un oreiller et qu'il fume à loisir après le labeur d'une dure journée. C'est la cessation de toutes les angoisses et inquiétudes.

345. Tout comme les feuilles sèches sont transportées çà et là par le vent, sans effort et sans pouvoir contrôler leur trajectoire ; ceux qui dépendent de Dieu agissent en harmonie avec Sa volonté, et, justement parce qu'ils n'ont pas de volonté propre, ne fournissent aucun effort.

346, 347. Que pensez-vous de l'homme qui est un bon orateur et prédicateur, mais dont la spiritualité est peu développée Il est comme une personne qui dilapide la propriété d'autrui, alors que celle-ci lui a été laissée en toute confiance. Il peut facilement conseiller les autres, car cela ne lui coûte rien ; en revanche, les idées qu'il exprime ne sont pas les siennes, elles sont empruntées.

348. Un homme mondain est surtout connu pour son antipathie envers les saveurs d'une religion. Il n'apprécie pas les musiques ou psaumes sacrés, n'aime pas prononcer le saint nom de Dieu, et dissuade même les autres de le faire. Il se moque des prières, et déverse une vague d'abus sur toutes les sociétés et hommes religieux.

349. Tout comme un garçon tournoie autour d'un poteau ou d'un pilier ;

avec une rapidité vertigineuse, sans crainte de chuter ; fixe ta prise ferme-
ment sur Dieu, effectue tes devoirs mondains, et tu seras libéré de tous
les dangers.

350. Tout comme une femme impudique, activement engagée dans les
affaires de la maison, a toujours en tête son amant secret ; ô homme du
monde, exécute tes devoirs mondains, mais garde toujours le Seigneur
dans ton cœur.

351. Tout comme la nourrice d'une riche famille élève l'enfant de son em-
ployeur, aimant le bébé comme s'il était le sien, mais sachant pertinemment
qu'elle n'avait aucun droit sur lui ; vous n'êtes que les fiduciaires et gardiens
de vos enfants, dont le réel père est en fait le Seigneur Dieu du Paradis.

352. Il est inutile d'étudier les écritures saintes et sacrées Shastras si l'on ne
possède pas un esprit discriminant et dépassionné. Aucun progrès spirituel
ne peut être fait sans discrimination (Viveka) et détachement (vairagya).

353. Connais-toi toi-même, et tu connaitras alors le non-Soi et le Seigneur
de tous. Qu'est mon ego Est-ce ma main ou mon pied, ma chair ou mon
sang, un muscle ou un tendon Médite profondément, et tu découvriras
que « Moi » n'existe pas. Comme tu pèlerais sans cesse la peau d'un oignon,
analyse l'ego et tu découvriras qu'il ne s'agit pas d'une entité réelle. Le
résultat final de cette analyse est Dieu. Lorsque l'égoïsme disparait, la
Divinité se manifeste.

354. Une pratique profondément dévouée et spirituelle, adaptée à cet
âge de fer (Kâlî-yuga), est la répétition continue du nom du Seigneur de
l'Amour.

355. Si ton plus grand souhait est de voir Dieu, ait une foi solide en
l'efficacité de répéter le nom de Hari, et essaye de distinguer le réel de l'irréel.

356. Lorsqu'un éléphant est mis en liberté, il part déraciner arbres et ar-

bustes ; mais dès qu'on lui pique la tête avec une aiguille, il devient calme. De même, l'esprit va librement dans la luxuriance de vaines pensées, avant de soudain redevenir calme lorsque frappé par l'aiguille de la discrimination.

357. Des pratiques pieuses sont nécessaires tant que des larmes d'extase ne coulent pas à la simple entente du nom de Hari. Celui qui est ému aux larmes à cette simple mention, n'a alors plus besoin de ces pratiques pieuses.

358. La compagnie du saint et du sage est l'un des principaux éléments du progrès spirituel.

359. L'âme se réincarne dans le corps de celui à qui elle pensait juste avant son départ de ce monde. Les pratiques de dévotion peuvent donc être considérées comme absolument nécessaires. Lorsque, après une pratique constante, aucune idée mondaine ne surgit dans l'esprit, alors c'est l'idée-de-dieu qui remplit l'âme et elle ne la quittera jamais, pas même sur le bord de l'éternité.

360. Comment doit-on aimer Dieu Comme l'épouse fidèle et chaste aime son mari, comme l'avare aime la richesse qu'il a amassée ; le dévot doit aimer le Seigneur de tout son cœur et de toute son âme.

361. Comment peut-on conquérir le vieil Adam en nous Quand le fruit grandit, puis tombe de sa fleur, les pétales tombent eux aussi. De la même façon, lorsque la divinité en toi grandit, les faiblesses de ta nature humaine disparaissent.

362, 363. Quand l'attrait des plaisirs sensuels mondains disparait-il En Dieu, qui est l'Indivisible et Eternelle Félicité, il y a une consolidation du bonheur et de tous les plaisirs. Ceux qui aiment Dieu ne peuvent ressentir aucune attraction envers les plaisirs sans valeur de ce monde.

364. Dans quelles conditions la vision-de-Dieu a-t-elle lieu Dieu est visible quand l'esprit est paisible. Quand l'océan mental est agité par le

vent des désirs, il ne peut pas refléter Dieu, et la vision-de-Dieu est alors inaccessible.

365. Comment peut-on trouver notre Dieu Le pêcheur, soucieux d'attraper un grand et beau poisson-Rohitta, patiente calmement pendant des heures, après avoir jeté l'appât et l'hameçon dans l'eau, attendant patiemment ce dernier soit attrapé par le poisson. De même, le disciple qui va patiemment exécuter toutes ses dévotions est certain de trouver son Dieu.

386. Le cœur d'un pécheur est comme un cheveu frisé. Vous pouvez le tirer aussi longtemps que vous le souhaitez, mais vous ne réussirez pas à le raidir. De même, un cœur cruel ne peut pas être aisément changé.

367. La connaissance conduit à l'unité, et l'ignorance à la diversité.

368, 369. La société des hommes pieux est comme l'eau dans laquelle le riz est lavé. Le riz à l'eau dissipe l'ivresse. La société des hommes pieux a le même effet sur les hommes mondains, enivrés du vin des désirs : elle les purifie de leur intoxication.

370. L'agent d'un riche Zemindar, lorsqu'il se rend dans le mofussil, tyrannise les locataires de diverses façons. Mais quand il revient au quartier général, sous les yeux de son maître, il change ses manières : il devient très pieux, traite les locataires avec gentillesse, se renseigne même sur leurs griefs, et essaie d'appliquer une justice impartiale pour tous. L'agent tyrannique devient alors bon, de par sa crainte du propriétaire et l'effet de la société. De même, la société pieuse peut rendre bon l'être le plus cruel, éveillant en lui le respect et l'émerveillement.

371. Du bois humide placé sur un feu devient vite sec, et commence éventuellement à brûler. De même, la société pieuse chasse du cœur l'humidité de la cupidité et de la convoitise des hommes et femmes du monde ; et le feu de Viveka brûle en eux.

372. Comment doit-on vivre sa vie Tout comme le feu sur le foyer est agité de temps en temps avec un tisonnier, de façon à raviver les flammes et empêcher les braises de s'échapper ; l'esprit doit être revigoré occasionnellement par la société pieuse.

373. Comme le forgeron maintient en vie le feu de son four, grâce à son soufflet ; l'esprit doit être gardé en état de combustion par la société pieuse.

374. Mettez un gâteau à base de farine, non cuit, dans du beurre clarifié chaud, il fera une sorte de bruit de bouillonnement. Mais plus il est frit, plus le bruit se fera discret ; et, une fois complètement cuit, le bouillonnement cesse complètement. Tant que l'homme a peu de connaissances, il donne des leçons et des prédications ; mais, une fois la perfection de la connaissance obtenue, il cesse de faire étalage de ses connaissances.

375. Cet homme qui, vivant au cœur des tentations du monde, atteint la perfection, est le véritable héros.

376. Nous devons plonger profondément dans l'océan de l'Éternelle et Intelligente Félicité. Ne craignez pas les monstres de la mer, Avarice et Colère. Recouvrez-vous du curcuma de la Discrimination et du Détachement (Viveka and Vairâgya), et les alligators ne vous approcheront pas, l'odeur de ce curcuma étant trop forte pour eux.

377. Lorsque vous entrez inévitablement dans des endroits où la tentation est présente, gardez toujours votre Mère Divine dans votre esprit. Elle vous protégera des nombreux maux qui peuvent se cacher dans votre cœur. La présence de ta mère ne peut-elle donc pas chasser au loin les mauvaises actions et les mauvaises pensées

378. Comment peut-on vaincre l'amour de la vie Le corps humain est un ensemble de plusieurs choses en état de décomposition : chair, sang et os. C'est une collection de chair, d'os, de moelle, de sang, et d'autres substances soumises à la putréfaction. En analysant ainsi le corps, notre amour

pour celui-ci disparaît.

379. Le disciple devrait-il adopter un quelconque costume Le choix d'un costume approprié est acceptable. Vêtus des robes orangées du Samnyâsin, ou portant le tambourin et les cymbales du religieux mendiant, un homme ne peut pas invoquer la lumière tout en profanant, ou en chantant des chansons blasphématoires. En revanche, le cœur d'un homme habillé dans le style chic d'un beau sera naturellement plus enclin à avoir de faibles pensées et à chanter de mauvaises chansons.

380. Parfois, la paix règne sur le cœur, mais pourquoi cela ne dure-t-il jamais très longtemps Un feu de bambous s'éteint rapidement, à moins qu'il ne soit maintenu en vie constamment. Une dévotion continue est nécessaire pour maintenir en vie le feu de la spiritualité.

381. Ceux qui vivent dans le monde et essayent de trouver le salut sont comme des soldats protégés par des fortifications ; tandis que les ascètes qui renoncent au monde, car ils sont à la recherche de Dieu, sont comme des soldats en plein champ de bataille. Lutter de derrière les fortifications est plus sûr que de se combattre en plein champ de bataille.

382. Priez la Mère Divine. Donne-moi, ô Mère ! Un amour qui ne connaît pas l'incontinence, et une foi à toute épreuve qui ne peut être ébranlée.

383. Comme des personnes vivant dans une maison infestée de serpents venimeux sont toujours attentifs et prudents, les hommes qui vivent dans le monde doivent toujours prendre garde aux séductions de la luxure et la cupidité.

384. S'il y a un petit trou dans le fond d'un pot d'eau, l'ensemble du liquide s'en échappe par cette petite ouverture. De même, s'il demeure le moindre soupçon de mondanité dans le néophyte, tous ses efforts sont réduits à néant.

385. Quand le beurre est produit par barattage du lactosérum, il ne doit

pas être conservé dans le récipient contenant le reste du lactosérum, car il risquerait de perdre un peu de sa douceur et de sa cohésion. Il doit être gardé dans un récipient différent, contenant de l'eau pure. Similairement, après avoir atteint une perfection partielle, si une personne continue à se mélanger au reste du monde, il est probable qu'elle soit vite polluée. En revanche, cette personne restera pure si elle reste éloignée de ce monde.

386. Vous ne pouvez pas vivre dans une chambre enfumée sans que votre corps ne noircisse quelque peu, même en faisant preuve de toute la prudence du monde. Similairement, si un homme ou une femme vit en compagnie d'une personne de sexe opposé et du même âge, même une grande circonspection et un grand contrôle de sa passion, une pensée charnelle, même minime, est sûre de voir naissance dans son esprit.

387. On raconte que deux personnes commencèrent ensemble le rite d'invocation de la déesse Kâlî, par le terrible processus «Savasâdhana». (Cette invocation Tantrique est effectuée dans la cour d'un cimetière, durant la nuit, l'invocateur assis sur un cadavre.) L'invocateur fut effrayé, poussé à la folie par les horreurs du début de la nuit; alors que l'autre, à la fin de la nuit, reçut la vision de la Mère Divine. Celui-ci lui demanda: «Mère! Pourquoi l'autre homme est-il devenu fou» La Divinité répondit: «Toi aussi, ô enfant! Tu as succombé à la folie à de nombreuses reprises, durant tes vies précédentes, et maintenant, enfin, tu me vois.»

388. Il existe diverses sectes parmi les Hindous; quelle secte ou quelle croyance devrions-nous alors adopter Pârvatî demanda un jour à Mahâdeva: «O Seigneur! Quelle est l'origine de l'Eternelle et Entière Félicité» Mahâdeva lui répondit: «L'origine est la foi.» Les particularités des croyances et sectes importent peu, voire pas du tout. Que chacun exécute avec foi les dévotions et les devoirs de sa propre croyance.

389. Tout comme un petit garçon ou une petite fille n'ont aucune idée de ce qu'est l'amour conjugal, un homme du monde ne peut pas comprendre l'extase de la communion divine.

390. Le corps est transitoire et sans importance. Pourquoi alors nous en prenons autant soin Personne ne se soucie d'une boîte vide. Mais les gens conservent soigneusement une boîte contenant de l'argent et autres biens de valeur. Le vertueux ne peut que prendre soin de son corps, le temple de l'âme dans laquelle Dieu Lui-même s'est manifesté, ou qui a été béni par l'avènement de Dieu.

391. Combien de temps la piété demeure-t-elle dans un homme Le fer est rouge tant qu'il est en contact avec le feu. Il devient noir à l'instant où il en est retiré. De même, l'être humain est pieux tant qu'il est en communion avec Dieu.

392. De l'argile molle peut adopter plusieurs formes, mais l'argile brûlée, lui, non. Similairement, ceux dont les cœurs sont consumés par le désir des choses mondaines ne peuvent pas avoir des idées plus élevées.

393. Tout comme l'eau et ses bulles ne font qu'un, les bulles naissant dans l'eau, flottant sur l'eau, avant de finalement disparaitre en elle ; le Gîvâtman et le Paramâtman ne sont qu'une seule et même entité. Les seules différences sont dans les détails — l'un est fini et faible, l'autre infini ; l'un est dépendant, l'autre indépendant.

394, 395. Lorsque la queue du têtard tombe, il peut vivre à la fois dans l'eau et sur la terre. Lorsque la queue de l'ignorance tombe, l'homme devient libre. Il peut alors vivre à la fois en Dieu et dans le monde.

www.ingramcontent.com/pod-product-compliance
Lightning Source LLC
Chambersburg PA
CBHW021110090426
42738CB00006B/580